浅草かっぱ橋商店街
リアル店舗の奇蹟

創業100年「飯田屋」6代目店主
飯田結太

プレジデント社

はじめに――僕の人生を変えたシンプルな常識

「おまえ、なんでこんな会社にいるの？」

「この先に未来なんてないって！」

「便利でもない商店街まで、わざわざ買物に行かないよ」

「誰もあんたのところで買物しないから」

まちの商店街にある店は魅力をなくし、そこで働くこと自体が嘲笑される対象です。

「アマゾンなら翌日には届けてくれるし、重い物を持ち帰らなくていいんだよ」

「ショールームみたいに実店舗で実物を見て、ネットで注文する人が増えているよ」

まわりの物知りな人たちが最新の〝常識〟を親切に教えてくれます。

「実店舗なんて終わったコンテンツだ」と何人からも言われました。


そして、さらに詳しい人が教えてくれます。

「ノルマがないと、社員なんてサボって働かないよ」

「売上目標がないと、店は成り立たないよ」

「在庫は少しでも速く回転させないといけない」

「モノ余りの時代、人はもうすでにモノを持っているから買わないよ」

「お客様を迷わせないためにも、商品は少ないほうがいい」

「100円ショップでほとんどのものは揃うよ」

「定例会議のない会社なんてあり得ない!」

「朝礼も終礼もあまり意味がないから、やらなくてもいいよ」

「経営はきれいごとじゃないんだよ!」

「経営者は孤独だからね」

こうしたことを実際に言われた経験がある方、どこかで聞いたおぼえがある方、もしくは何かで読んだ記憶のある方は多いことでしょう。


でも、本当にそうなのでしょうか?

これらは常識なのでしょうか?

僕たちの会社にはノルマはありません。

これだけ売ろうという売上目標もありません。

営業方針はまさかの「売るな」です。

積極的に過剰在庫を目指しています。

在庫回転率は無視を決め込んでいます。

年にたった1個しか売れない商品でも、スタッフ全員で探します。

定例会議はもともとありましたが、一切やめてしまいました。

飛び込み営業をすると減給になります。

お客様に必要のない商品を無理に売りつけたら、それも減給になります。

メンバーは「心から売りたいと思う商品以外は売ってはならない」と申し渡されています。

アルバイトは年間300万円まで、正社員は500万円まで、部長・課長など役職者は2000万円まで自由に使える裁量権を持っています。

朝礼と終礼には、合わせてたっぷり1時間を使います。


これほどに僕たちの会社は常識はずれです。

しかし、そんな常識はずれを続けていると、東京のみならず、北海道や沖縄、地球の反対側のブラジルからもお客様がやってくるようになりました。

信じられないほど売上が伸びていきました。

あっ、自己紹介が遅くなりました。

僕は飯田結太《ゆうた》と申します。

東京都台東区西浅草にある「飯田屋」という小さな料理道具専門店の6代目です。


「みんなすでにほとんどのモノを持っているから、モノは売れない」

本当にそうなのでしょうか？

モノがあふれている時代だからこそ、チャンスに満ちあふれていると僕は思います。

「ノルマがないと、人は動かない」

いいえ、飯田屋では売上目標をなくしたら、売上も利益も上がりました。

「アマゾンに売上を奪われて、実店舗はなくなる」

とんでもない、アマゾンが大きくなるほどに、飯田屋では実店舗の売上が増えています。

さらに面白いことに、最近では実店舗の好調を背景に、飯田屋オンラインショップの売上もうなぎのぼりに増えてきました。

実店舗で飯田屋のオリジナル商品が話題になったことで、ネットでも支持を広げるようになってきたのです。

時代が変わり、今までの常識はどんどん変わっていきました。
これからますます、今までの常識は通用しなくなっていくでしょう。
常識は時代によっていとも簡単に変わるのです。

でも、変わらない常識があります。
それは「大切なことを大切にする」というものです。
拍子抜けするほどシンプルで、「そんなの聞いたことないよ」と言われそうです。
その人は正しい。
だって、これは創業から100年以上続く〝飯田屋の常識〟だからです。
このシンプルな常識を大切にして、飯田屋は小さいながらも愛され続けてきました。

実はこれ、僕が長年大切にできなかった常識でもあるのです。
そのため一時期は、一緒に働く仲間も、お客様も、家族すら僕から離れていきました。
その後、僕の人生を変えてくれた〝神様〟と出会い、その大切さに気づきます。
藁にもすがる思いで仕事に、いえ、人生そのものに取り入れてみました。
すると、僕の人生のすべてが驚くほど好転していったのです。

本書では、僕が飯田屋で大切にし、実践していることを余すところなく紹介します。

その中には、業種や地域特性を超えて使えるものがたくさんあるはずです。

家業を継いだものの、そこに将来性を感じられない後継者のあなた。

価格競争に翻弄《ほんろう》され、売上・利益をいつも気に病んでいるあなた。

従業員が定着してくれなくて、いつも人材不足に苦しんでいるあなた。

「立地が悪い」「売れる商品がない」と、不振の原因をほかに求めて嘆いているあなた。


かつては僕も、あなたたちと同じでした。

だからこそ、最後まで読んで実践していただけたら嬉しいです。

飯田屋6代目　飯田結太

目次

第1章 経営者失格、後継者落第

第2章 いい会社ってなんだ？

第3章 過剰在庫バンザイ！

第4章 非効率バンザイ！

第5章 実店舗バンザイ！

飯田屋厳選料理道具たち――209

第6章 やらないことを決めると、やることが定まる

＊本文中で紹介されている商品の価格は、一部を除き税込価格です（2021年3月現在）。

第1章

経営者失格、後継者落第

母の助けになりたい

「……飯田屋に入社させてください」

２００９年4月1日のエイプリルフール。独りで経理作業に追われる母の小さな背中に話を切り出したのは、社会人生活をスタートさせて丁度2年目の春でした。

そのころの飯田屋はいつもお客様の姿が少なく、積み上げられた商品はお客様が訪れる日をむなしく待ち焦がれるばかりでした。従業員の入れ替わりは激しく、いつだって人手不足に苦しんでいました。

その中に、休む暇もなく懸命に働き続ける母の姿がありました。

飯田屋の創業は大正元年の１９１２年。東京の浅草と上野の中間に位置する、世界最大級の飲食店用品問屋街「かっぱ橋道具街」にある小さな料理道具専門店です。創業当時は障子や襖、ガラス扉を扱う建具業を営んでいたといいます。

創業から11年後、１９２３年に起きた関東大震災は関東全域に甚大な被害をもたらします。飯田屋も例外ではなく、店舗が焼失してしまいました。

震災後の復興により、かっぱ橋の様子も変わっていきます。墨田区錦糸に集まっていた菓子問屋や菓子製造業者が震災で店舗を失い、かっぱ橋近辺に移転。それに伴い、菓子道具や料理道具を扱う店が増えていきました。

飯田屋も、このころから料理道具を取り扱うようになります。

1939年には、戦争により二度目の店舗焼失を経験。当時はまだ珍しかったホーロー製品を販売するなど、時代に合わせて取扱商品を少しずつ変えていきました。

1950年代後半の3代目のとき、「自分たちに合う精肉用の道具を購入できる店がない」と困っていた精肉店のための道具を販売、オリジナル商品も開発します。「肉屋の飯田」として全国で有名となり、遠くからもお客様が来店し、たいへん繁盛したそうです。

しかし、時代は高度経済成長期を迎え、スーパーマーケットが急成長を果たすと、まちの精肉店など個人商店や、その集積である商店街は衰退の一途をたどります。かつては活気にあふれていたかっぱ橋道具街からも、少しずつ客足が遠のいていきました。

1982年に建て替えた店舗は、昔ながらの店舗併用住宅。1階と2階が店舗、3階が居住スペースとなっていました。それが今の飯田屋の店舗です。

飯田屋へ入社する前、僕は大学2年生のときに起業したウェブサイト制作会社の仕事に熱心に取り組んでいました。やりがいを感じ、依頼も少しずつ増えはじめていたある日、夜遅く帰宅すると、いつまでも明かりが灯る店内で懸命に働く母の背中が見えたのです。

母は学生のころは美術系の大学に通い、美術関係の仕事に就く夢があったそうです。しかし、先代の急死により飯田屋を継がざるを得なくなりました。

そのためか、息子である僕に「家業を継いでほしい」とは一切口にしませんでした。僕自身も家業にまったく興味がなく、「いつか継がなきゃいけないのかな……」とうっすら思いながらも、ずっと逃げていました。

これまで僕は、母の泣き言を一度も聞いた記憶がありません。しかし、目の前にある背中はとても苦しんでいるように見えたのです。

「……飯田屋に入社させてください」

僕の言葉に驚いた母はしばらく間を置いてから、「本当にいいの？　よく考えてから決めなさい」と言いました。

こうして僕は飯田屋で働きはじめました。

記憶に残る幕の内弁当はない

精肉店のための道具専門店として繁盛してきた飯田屋ですが、僕が入社したころには飲食店の道具ならなんでもある店になっていました。まちの精肉店が次々に廃業し、生き残ろうとする店は焼き肉店など飲食店に生業を替えていたからです。

それに伴い、飯田屋に求められる道具も変わります。コンビニよりひと回り小さい店には、社員食堂や学校給食で使われるメラミン食器やお盆、メニュー帳、白衣、コーヒーチケット、「営業中」や「準備中」と書かれた看板など、飲食店で使われるさまざまな道具が所狭しとばかりに並んでいました。

「こんなにたくさんの商品を取り扱っているんだから、うちのことをちゃんと知ってもらえさえすれば、たくさんのお客様に買っていただける！」

入社当初、僕はたくさんの品揃えを見て、呑気にそう思っていたのです。

しかし、店頭で聞こえてくるのは、耳を疑うような言葉ばかりでした。

「欲しいものがない」

「ここ何屋なの？　もういいよ、隣の店に行こう」

「何を買ったらいいのかわかんないよ！」

お客様が口にする想像もしなかった言葉に、ただショックを受けました。

「これほどたくさんの商品が揃っているのに、なぜ？」

「何を買ったらいいかわからないって、どういうことだ？」

「入店してまだ10秒くらいじゃないか！　なんでもう出ていくんだ？」

いったい何が起きているのか、理由すらわかりません。

目の前にあるのは、たくさんの商品が揃っていてもお客様は何も買ってくれないという現実と、売上の減少が止まらないという事実でした。


「記憶に残る幕の内弁当はない」

おニャン子クラブやＡＫＢ４８のプロデューサーとして知られる秋元康さんの言葉です。人々の記憶に残り、選ばれる存在になるためには、とんかつ弁当や生姜焼き弁当、牛タン弁当のように、何か「これは！」という特長が必要だという意味です。

飯田屋はまさに、なんでもあるけど、まったく人の記憶に残らず、選ばれもしない幕の内弁当のような店になっていたのでした。

当時、飯田屋のお客様の多くはプロの料理人たちでした。店内には、３代目の祖父が始めた精肉店向けのステンレス盆や肉専用温度計、枝肉を吊り下げるためのフックなど、かなりマニアックで専門的な道具がたくさんありました。

しかし、精肉店の廃業は止まらず、お客様も一人、二人と減っていきました。生き残った店も、厳しい経営状態ゆえに購入頻度がどんどん減っていったのです。

それでも、「長年お付き合いのあるお客様のために、たとえ売れなくなってきた商品でも品揃えは欠かせない」と先輩社員。購入頻度が落ちたからといって取り扱いをやめてしまえば、「そのお客様の来店を拒絶したことになる」というのです。

「これはもう仕入れなくてもいいのでは……」と思う商品を棚から外そうと提案しても、「誰々さんが買いに来るから、必ず在庫を持っておくように」と先輩社員から注意されます。たとえそれが1年に一度でも、そのお客様以外の購入がなかったとしてもです。

飯田屋は100年以上続く老舗企業です。その歴史は、これからも当たり前のようにずっと続くものだと思っていました。

しかし、現実はそんなに甘くはありません。老舗ならではの長いお付き合いが、お客様への面倒見のよさが、逆に足かせになるという心苦しい事実がそこにありました。

これまでの商品に加え、新しいお客様のために次々と仕入れた商品が、店内に無秩序にあふれていきました。看板があれば、のれん・のぼりもあり、料理道具もメニュー帳もあり、竹製のかごなど民芸品も置きはじめられました。

しだいに何屋なのかわからない店となり、新規のお客様が気軽に入れるような店ではなくなっていったのです。


1997年に3億7000万円あった売上は、2009年には1億円近くまで減少。赤字続きの経営状態を懸念して、母が一人の経営再生コンサルタントを連れてきました。

そこで言われたのは……。

「とにもかくにも、売上が下がりすぎていますね」

「商品回転率が悪すぎます」

「売れていない商品は棚から外していったほうがいい」

「たまにしか売れない〝極《きわ》〟の商品の仕入れをやめて在庫回転率を上げて、資金の回収を急ぐのが急務。とにかく目の前の売上を上げなければ、会社の存続が危ない」

指導に従って極の商品を切り捨てた店内は、専門店らしさを失いはじめていきます。在庫回転率を気にするあまりに新しい商品も仕入れられず、じわじわと真綿で首を絞められるような苦しみを味わう日々が続きました。

いざ、安売り競争へ参戦！

「もっと安くならない？」
「なぁ、少し勉強できない？」
問屋街といわれるかっぱ橋道具街では、日常的に値切り交渉や相見積もりが行われます。そんな道具街にあって、１００店舗以上の同業社の中からどうしたら飯田屋を選んでもらえるか、僕はいつも頭を悩ませていました。

あるとき、ご来店くださるプロの料理人たちがみんな、片手に小さなメモ帳を持っていることに気がつきました。商品を手にとって価格を見てはメモ帳に書き込み、ぐるりと店内をひと回り物色すると、次の店へと足を運んでいきました。１円でも安く購入できる店を探しているのです。

誰だって安く買いたいに決まっています。問題は、メモをとって店を後にした方が誰一人として飯田屋に戻ってこないという現実です。

かっぱ橋道具街がかつての活気を失っていたとはいえ、相変わらずお客様でにぎわう繁盛店はあります。一方で飯田屋からは客足が遠のき、経営の危機に瀕しています。

「この違いはいったいなんなのだろうか？」

ずっと抱いていた悩みの解決策が見えてきました。飯田屋が選ばれない理由、それは価格で他店に負けているからだと確信したのです。

「飯田屋はどこよりも安いと思っていただければ、お客様は必ずうちで買ってくれる。これからは、どの店よりも1円でも安く販売しよう！」


そう決意すると、まずは他店の販売価格を知る必要がありました。

長年勤める従業員たちは誰一人として、「他店の価格調査なんて久しくしていない」と言います。「なぜ、こんな簡単なことすらしてこなかったんだ！　だから売上が上がらないんだよ！」と怒りながら、メモ帳を片手に店舗を回りはじめました。

最初の1軒目、まずは店頭の商品の価格をメモし、次に店内に入って目につくものの価格を調査していきました。

「これは飯田屋のほうが安いな。……でも、こっちは飯田屋のほうが高いな」

棚の上から順に価格をメモしていると、店の奥から「おまえ！　飯田屋のせがれだろう。同業者はうちの店に入ってくるな！」と、怒鳴り声をいきなり浴びせかけられたのです。

同業者どうしの暗黙のルールとして、価格調査はタブーだったのです。実際に店頭に大きく「同業者入店お断り」と看板を立てている店も少なくありません。

飯田屋の従業員たちはそのルールを熟知しており、近隣の店とトラブルにならないために価格調査をしていなかったのだと、後で知ります。僕は基本的なルールすらも知らないまったくの素人でした。


とはいえ、価格調査をやめるわけにはいきません。「かっぱ橋でいちばん安い店にしなければ、飯田屋に明日はない」と僕は思い込んでいました。

メモを持っていて目立つなら、価格調査をしていることがばれなければいいのです。すぐに思いつきました。ICレコーダーです。

さっそく隣町の秋葉原にある家電量販店で大容量のICレコーダーを購入すると、ニット帽に色つき眼鏡で顔を隠し、携帯電話で会話しているふりをしながら価格を読み上げて録音。店に戻って録音した価格をメモしていきました。

今思えば、なんとも怪しい姿でよく警察へ通報されなかったものです。こうして数カ月ほどで、かっぱ橋の同業者の価格を調査しつくしました。

それをすぐに飯田屋の店頭価格に反映させ、他店よりどんどん安くしていきます。他店が鍋を1980円で売っているなら、飯田屋では1970円。他店の皮むき器が400円なら、うちは398円。とにかく10円でも1円でも安く売って、「どこよりも安い飯田屋」を実現させていきました。

「誰もICレコーダーで価格を調べたなんて思わないだろう！　これで放っておいても売れる！　もう売上の心配なんてなくなる！」と、僕は自信に満ちあふれていました。

しかし、信じられないことが起きます。

期待していたようにお客様が殺到し、売上がどかんと上がるどころか、普段と売上がほとんど変わらないのです。間違いなく、飯田屋がどこよりも安いはずなのに……。

いったい、なぜ？

安売りで失った大切なもの

安売り競争への参戦を目指したとき、祖父の代から働き、飯田屋の歴史をいちばんよく知る加藤勝久は猛反対しました。営業部長の加藤は幼いころから頼りになる、僕にとって父のような存在でした。

その加藤が「安売り競争には終わりがない。絶対にやめるべきだ」と言うのです。しかし、その意味をまったく理解できず、耳を貸そうとすらしませんでした。それどころか、僕は「みんな1円でも安いものを探し求めている。黙って任せてくれよ！」と、一人で突っ走ったのです。

安売りの薄利で利益を得るためには、たくさんの商品を売る必要があります。そして、安く売るための絶対条件として、安く仕入れなければなりません。

商品を1個仕入れたときと、100個、1000個仕入れたときでは原価が異なります。一度にたくさん仕入れたほうが安くなるのは、商売の当たり前のルールです。

でも、経営体力の落ちている飯田屋が大量の在庫など抱えられません。結果、少量仕入れの高い原価のままで安売りをするという、もっともばかげた方法をとってしまいます。

もちろん、莫大な費用を必要とする宣伝広告もできません。身を削るようにして「どこよりも安い飯田屋」を実現したのに、その安さをお客様に気づかせる力がないのです。

安売りは資金が豊富にある大企業のやり方であって、経営危機のど真ん中にいる零細企業が安易に行える方法ではありません。そんな大学生でも間違えないような単純すぎるミスを、僕は自信満々の顔で犯していたのです。

「なぜ、みんなこんな素晴らしい方法を思いつかないんだ？」と本気で思っていました。まさに薄利多売ではなく薄利少売状態。たまたま飯田屋にご来店くださったお客様が安い商品を見つけ、ご購入くださるだけでした。

事態はさらに悪化していきます。

1円でも安く売るために1円でも安く仕入れられる商品を集めた結果、日本製の高品質な道具が並んでいた売場から、原価が高いという理由だけで国産品が消えていきました。そして、原価が安いという理由だけで韓国製の道具が増えていきます。

それでもまだ高いと韓国製をやめ、中国製に変えていきます。中国製でもまだ高いからバングラデシュ製へ、それでも高いからインド製へ……。とにかく原価が安くなるなら、原産国も品質も関係ないと考えるようになっていきました。

ここまでやると、「飯田屋は安いね」と言っていただけるようになりました。

しかし、安さ最優先の仕入れに走った結果、お客様からの「質が下がった」「すぐ曲がった」「使い物にならない」といったクレームの声がどんどん増えていったのです。

安ければ、勝手にお客様が集まってくると思っていました。でも、集まってきたのはお客様からのクレームの声だったのです。

ある日、新店舗開店のたびにご贔屓《ひいき》にしてくださっていた外食チェーン企業のお客様から、新店舗の見積もり依頼をいただきました。

安さこそが絶対の正義と信じて疑わなかった僕は、「さらに安い見積もりを出そう！　少しぐらい品質が下がっても気にしないだろう」と、これまでより格段に安く、格段に品質の落ちた商品を選んで見積もりをつくりました。

結果、狙いどおり受注に至ります。

しかし、それ以降は連絡も注文も一度もありませんでした。スプーン1本、鍋1個、再び注文をいただくことなく、無言のうちに飯田屋から離れていったのです。今思えば、格段に品質の落ちた商品に愕然《がくぜん》としたのでしょう。

それでも当時は、「価格が高くて満足してもらえなかったのだろうか……」「ほかにもっと安いところを見つけてしまったのだろうか……」と疑心暗鬼になり、安さへの強迫観念に囚われ続けていました。

気がつけば、毎日のように「質が悪くなった」「もう来ない」とクレームばかりが聞こえてきます。飯田屋はお客様からの信頼を完全に失っていったのです。


さらに、悪夢は続きます。

当時、気心の知れた先輩従業員がいました。仕事終わりには、よく一緒に連れ立って飲みに行ったものです。

ある日、その彼が突然、出社しなくなりました。家にも帰らずに失踪し、その日を境に連絡が一切とれなくなったのです。

のちに別の従業員から「実は……」と、失踪した従業員の残した言葉と本当の理由を教えられました。

「この店に未来ないわ……」

寂しそうに、そう漏らしていたというのです。

強迫観念のように価格を下げまくった挙げ句、お客様からばかりか、もっとも身近な従業員からの信頼も失っていたのです。

「なんとかして売上を上げないと、おじいちゃんが人生をかけて残してくれた店がなくなってしまう。母が自身の人生と引き換えに守ってきた店が潰れてしまう……」

と焦りはするものの、家業が扱う商品への思い入れもなく、商品知識を増やそうともせず、価格だけでお客様を釣ろうとした結果、大失敗。

事業承継者という看板を背負って、最年少の新人ながら店のために必死に売上向上へと努めてきたつもりでした。店を守るために手を染めた安売りも、成功を信じて疑いませんでした。みんなの反対を押し切ってでも改革を行えるのは、僕しかいないと思っていたのです。

それなのに……。

安さ以外にライバル店に勝つアイデアを思いつくわけでもなく、自分の何が間違っているのかもわかりません。毎朝、会社に出社するのが怖くて仕方ありませんでした。

「なんで僕はこんなに駄目なんだ。商人失格だ……」

そう落ち込みつつも、日々の売上を追いかけていたある日のこと。神様は僕を見捨てませんでした。

なんと、僕に会いに来てくれたのです。

一人目の神様は割烹着姿の料理人

その神様は、割烹着の大将の姿でご来店になりました。

大将は棚のおろし金を手にとると、「どれがいちばん軟《やわ》らかい食感の大根おろしができるの？」と問いかけてきました。

これまで安く売ることにしか興味がなかったので、商品知識はまるでありません。それを安さで隠したくて、接客の必要がないセルフスタイルの店を目指していたからです。

でも、店内には閑古鳥が鳴いています。正直、暇でやることもありません。

「この人に付き合ってみるか……」と決めました。自分の料理道具屋人生を変えてくれる神様だなんて、このときはもちろん気づいていませんでした。

「申し訳ございません。ちょっとわからないので、もし時間があれば大根を買ってきますので、試してみますか？」とうかがうと、実際にすりおろしてみることになりました。

当時取り扱っていたおろし金は、大中小とサイズ違いの3種類のみ。すべて試してご試食いただくものの、「なんだよ、どれも軟らかくないじゃないかよ」と言われます。

自社で売っている道具を自分で使ってみた経験もないので、「そうか、どれも違うのか」とボーッとしていると、神様は僕に言います。

「なんだよ、自分のところの商品なのに、わからないで売ってんのか。まあいいや、急いでないから探しておいてくれよ」

その場で道具を試す店員が珍しかったのでしょうか、宿題にしてくれたのです。

安さだけが品揃えの基準で、道具なんてどれも同じと思っていた僕にとって、「軟らかい食感を出せるおろし金」という基準は新しいものでした。そして、「自分のところの商品なのに、わからないで売ってんのか」という言葉が頭にズシッと重く残りました。

単純な僕はやることができて嬉しくなり、さっそく料理道具カタログを開きました。

僕たち問屋はいくつもの商社やメーカーと取引があり、それぞれに拳ほども厚みのある商品カタログがあります。食器、メニュー帳、提灯、白衣など、それぞれのカタログから商品を選び、仕入れるのが一般的な方法です。

だから、おろし金もカタログを探せばすぐに見つかるだろうと安易に考えていました。

ところが、100種類以上ものおろし金が載せられ、一見しただけではそれぞれの特長がまったくわかりません。カタログを開いても、価格しか見てこなかったので、恥ずかしながら商品の機能面の差を比べた経験がなかったのです。

そこで、カタログを発行している商社に問い合わせてみると……。

「飯田さん、ごめん。さすがにおろし金がどんな食感になるかまでは詳しくわからないよ。メーカーさんを紹介するから問い合わせてみたらどう？」

「そうか、カタログに載せているからって使った経験があるわけじゃないから、仕方ないよな」と思いながら、おろし金メーカーに電話をかけました。

すると、まさかの回答をもらいます。

「うちは道具をつくるのはプロだけど、実際に食感を食べ比べたりなんてしてないからわからないよ」

商社やメーカーに問い合わせれば、間違いない正解を得られると思っていた僕にはその言葉はショックでした。しかし、お客様からの質問に答えられない点は僕も同じです。

仕方なく、取り寄せて自分で試してみることにしました。アマゾンのカスタマーレビューなどの書き込みも参考にしながら、商品説明に「ふわふわ」とか「軟らかい食感」と書かれている商品をカタログから12種類取り寄せました。

そのすべてを食べ比べてみると、驚愕の事実に気づきます。

今まで機能などほとんど変わらないと思い込んでいたのに、道具によって食感や味に明確な違いがあるのです。しかも、商品説明には「ふわふわ」と書いてあるのに違っていたり、「軽い力でおろせる」と書いてあるものがまったく軽い力で使えなかったりと、一つひとつの違いに驚かされました。

そして、僕は幸運に恵まれます。取り寄せたおろし金の中に、どれよりも圧倒的に食感が軟らかく、ふわふわとした口どけの大根をおろせるものを見つけたのです。

「これだ！　間違いなく、これがお客様の探しているおろし金だ！」

見つけられた嬉しさに震えながら、すぐにお客様に連絡しました。大根をすりおろして食べてもらうと、「……うん、これだ！　この食感だ！　よく見つけたな！」と、今までの接客で見たこともないような満面の笑みを見せていただきました。

でも、僕は安堵すると同時に、どんどん心が曇っていきました。なぜなら、そのおろし金はとても高価なものだったからです。

当時、飯田屋で取り扱っていたおろし金はいちばん安いもので980円、もっとも高いもので1980円。それはなんと5000円（現在は税込5500円）もしたのです。

僕は「レジ前は戦場」だと思っていました。お会計時には、値切られるのが当たり前。

少しでも安く交渉しようと、他店の価格を引き合いに出されます。それに打ち勝つために、僕も「どこよりも安い飯田屋」にしようと戦ってきたのです。

それなのに、2倍以上もする高価なおろし金を紹介したら、「こんなに高いものを売りつけようとしやがって！」と怒鳴られるんじゃないかと不安でいっぱいになりました。

「すみません。気に入っていただけたのは嬉しいのですが、こちらの商品は５０００円もするんです……」とおうかがいを立てるように恐る恐る聞きました。

すると、呆気ないくらいすぐに「よし、わかった。それで買うよ」と、１円も値切らずに、笑顔でクレジットカードを手渡してくる神様がそこにいました。怒るどころか、「ありがとうな。また来るよ！」と嬉しそうに帰っていくのです。

拍子抜けした僕は、お客様の背中を見送りながら「なんで怒らなかったのだろう？」と、呆然と立ちつくしてしまいました。高いものに喜んでお金を払い、笑顔で帰っていくお客様に出会った経験がなかったからです。

そして、一つひとつの料理道具が持つ味への影響力の大きさに初めて気づいたのです。

二人目の神様はスーツ姿のビジネスマン

かっぱ橋道具街の夜は早く、ほとんどの店が17時ごろには店を閉めます。飯田屋は、ほかの店と比べると少しだけ遅くまで営業しています。

商店街が静けさに包まれはじめた夕暮れどき、スーツ姿の男性が汗だくで来店されました。息を切らして肩で呼吸しています。閉店時刻に間に合うよう走ってきたのでしょう。

僕を目に留めると、神様は早口で言いました。

「ケーキ用の金型はありますか?」

製菓用品コーナーにご案内すると、神様は熱心に物色しはじめました。

気になる商品を手にとっては「生産地はどこ?」「材質は何?」と次々と質問をしてきます。基本情報は商品のラベルに書いてあったので、表示を見ながらアルミとステンレススチールと伝えました。

すると、お客様は急に呪文のような言葉を唱えはじめます。「これ、ニッケルとクロムが何%ずつ含まれているの?」と、素材の含有率を質問されるのです。

ニッケルって何?　クロムって何?

しかも、それらは商品のパッケージには書かれていません。仕方がないのでメーカーに問い合わせて、お伝えしました。

やっと一つの質問に答えられたかと思うと、そこから地獄が始まりました。

「じゃあ、こっちの金属は何が混ざってるものなの？」

「生産地はどこでつくられているもの？」

「ここは、どんな商品をつくっている会社？」

お客様の質問は尽きません。しかも、そのお客様が求める答えは商品のラベルやカタログに書かれていないことばかりなのです。

困り果てた僕は「このお客様は、いったい何者なのだろう？」と疑問を抱きました。店員をいびるために来店したとんでもない暇人か、もしくはものすごくこだわりを持つ有名なパティシエのどちらかだと思い、どこの店で働いているのかと尋ねました。

すると、「ケーキはまだ一度もつくったことがない」とお客様。

完全に嫌がらせ客だと決めつけ、どうしたら早く帰ってくれるかと思案をめぐらせていると、彼は僕の料理道具屋人生を変えるひと言を口にしたのです。

「実は、僕の子がニッケルアレルギーっていう金属アレルギーでさ、市販のケーキは食べさせてあげられないんだよね。小麦アレルギーとか牛乳アレルギー向けのケーキはいくらでも手に入るんだけど、ニッケルアレルギー向けは売ってなくてさ。自分の子がケーキのおいしさも知らずに大きくなっていくと思うと、なんか悲しくてさ……。だったら、自分がつくってやるかって思ったんだ」

お客様のお子様が患っているアレルギーは、ニッケルに触れたり、ニッケルに触れた食品を食べたりするだけで、かゆみや発赤を起こすというのです。

専門店にやって来れば、その願いが叶う道具を見つけられるかもしれないという切実な思いでご来店くださったのでした。

それにもかかわらず僕は「たぶん……」「おそらく……」「……だと思います」「……と書いてあります」と、知識のなさゆえ曖昧な答えしかできなかったのです。

結局、お客様は何一つ道具を購入せずに店を後にしました。息を切らせて来店したのに、何一つ買わずに……。

きっと、「我が子のために世界で唯一のパティシエになる」という願いを持って、ご来店くださっていたはず。しかし、僕は何一つお手伝いできませんでした。

「専門店と名乗っていながら、なぜこれまで道具に本気で向き合って勉強してこなかったんだ？　あんなに時間があったのに、なぜ目の前の道具を調べようともしなかったんだ」

なぜ、なぜ、なぜ……悔やまれてなりませんでした。

自社の強みを棚卸ししてみると……

振り返ると、質問してくるお客様はこれまでにもたくさんいらっしゃいました。

でも僕は、どれだけ時間をかけて接客しても購入してくれるとは限らないと、本気で相手にしてきませんでした。売価を1円でも下げる方法ばかりを考え、接客しなくても買いたくなるような安い商品を仕入れることにしか興味がありませんでした。

商品に対する知識はもちろん、愛情や思い入れもありません。すべては、売上を上げるための手段でしかなかったのです。


「僕はいったい、何をやっているんだろう？」

子どものころから、僕は人を笑わせることが好きでした。人の喜ぶ姿を見るのが大好きでした。

なのに、売上への執着から人を笑顔にする喜びをすっかり忘れていました。

これまで信じて突き進んできた商売は、何かが間違っていました。必死になってどこよりも1円でも安く売ることができても、誰も喜んでくれませんでした。

「売上を上げながらも人を喜ばせる方法はあるはずだ。しかも、最高の笑顔をつくりだせる〝笑顔の濃度〟が高い商品で勝負したい。どうしたらいいのか……」

ふと思い出したのは、高価なおろし金を1円も値切らず購入しながら「ありがとうな。また来るよ!」と、嬉しそうに帰っていったお客様の満面の笑みでした。我が子のために一度もつくった経験のないケーキをつくろうと、一生懸命に道具を探し回るお客様の横顔でした。

「これが欲しかった!」

「こんなのを探していた!」

飯田屋を訪れることで願いが叶い、お客様に笑顔になってもらいたい――僕はようやく自分がやりたい商売を見つけたのです。

「お客様と信頼関係を結べるような仕事がしたい」

「ありがとうとお客様に言っていただける道具屋になりたい」

飯田屋が生き残っていける道は、それ以外にありませんでした。

とはいえ、何から始めたらよいのかわかりませんでした。

勝手に安売りをはじめ、大失敗を犯した前科があります。危機感は人一倍あるものの、やりたい思いと、それができる現実の間にはとてつもなく高い壁がそびえ立っています。それに、僕一人だけではなく、店全体の思いとして変わっていく必要がありました。売上目標は達成されることもなければ、もはや誰も気にする雰囲気もありません。販売促進会議や営業会議でも活発な意見が出たためしはなく、思いつきの発言ばかりです。そんな空気が情けなくて、泣いたこともありました。でも、何も変わりません。

なんとしても変わらなければならないと、みんなで話しあう機会をつくりました。これからの販売戦略を考えるために、聞きかじった程度のマーケティング手法「ＳＷＯＴ分析」を試みたのです。

まず、飯田屋の強み（strength）は何かをみんなで探しました。

「発注ロットは1個からメーカーに注文できる」
「発注を出してから納品されるまでが短い」
「卸売として仕入れ値が安い」
「かっぱ橋道具街に店がある」
「大正元年から続く老舗だ」

そんな意見が上がったものの、先輩従業員がひと言。

「それ、かっぱ橋道具街のほかの店も同じだよね……」

たしかに、最低発注ロットも、納品スピードも、立地条件も同じです。仕入れ値は飯田屋より低い大型店はいくらでもあるし、明治のころから続く老舗企業もあります。

強みはまったく出てこないのに、弱み（weakness）はきりがありません。店が狭い、設備が古い、資金が少ない、従業員に活気がない……。出てくる意見は果てしなくネガティブです。

「飯田屋に飛び抜けた強みは、ない。むしろ弱みだらけか……」

みんなが落ち込みました。

しかし、強みにならないと思われていたものの中に、のちに飯田屋を変革させる最強の強みが眠っていたのです。しかし、このときは誰も気づきもしませんでした。

そもそも飯田屋のお客様って、誰？

「強みの一つもない飯田屋にわざわざ来てくださるのは、どんなお客様だったのか？」

次に僕らは自店のお客様を思い返してみました。

当時、電子レンジで加熱調理が簡単にできるシリコン製スチーマーが人気を呼んでいました。5000円以上もする商品ですが、試しに仕入れてみると、すぐに売れていきます。お客様は一般のご家庭の方でした。飯田屋のお客様はプロの料理人ばかりだと思っていましたが、実は一般のお客様も多くいたのです。

これをきっかけにシリコン製のおたまやヘラなども仕入れてみると、またすぐに売れていきます。しかも、一般のお客様は気に入れば、値切ることなくご購入くださいます。

値切り交渉を必要としない商売を初めて知った出来事でした。

「一般のご家庭の方向けに、シリコン製商品にジャンルを絞った棚をつくってみたら？」

小さな成功体験を得た僕に、加藤が背中を押してくれました。それを機に、少しずつ一般のお客様が増えはじめていくのです。

このときハッと、気づいたことがありました。高額なおろし金を買ってくださったプロの料理人と、シリコン製スチーマーを買ってくださった一般のお客様の共通点です。

「これが欲しかった!」と思えるものは一切値切らずに、喜んでご購入くださいます。欲しかった道具に出合い、心から満足できたお客様は値切らないのです。

一方、欲しかった道具に出合えず、「これでいいや……」と心からの満足を得られなかったとき、その不満足の隙間を埋めるために値切るのかもしれません。

「それなら、お客様が欲しいものがいつでも揃っている店になれたらどうだろう?」

飯田屋の取扱商品を見渡してみると、二つのタイプに分けられることに気づきました。「プロの料理人だけが買う商品」と「プロの料理人も一般のご家庭の方も買う商品」です。たとえば、コックコートはプロの料理人しか買いませんが、フライパンはどちらのお客様も買います。メニュー帳はプロの料理人しか買いませんが、包丁はどちらのお客様も買っていきます。

さっそく、飯田屋の取扱商品を二つの基準で分類してみると、プロの料理人と一般のご家庭の方の双方ともに買う商品カテゴリーがありました。それが「料理道具」です。プロの料理人に高品質で耐久性のある料理道具が売れるのは当然ですが、一般のご家庭の方もプロの料理人用につくられた料理道具を買いに来られていたのです。

「両方のお客様に来てもらえるものを商品構成の中心にすれば、どちらも喜んでくれて集客は2倍になる！」

無秩序だった品揃えを、料理道具に絞っていこうと決意しました。

料理とは、ただ空腹を満たすだけのものではなく、大切な誰かのためにつくるものです。誰かを想いながらつくるひとときも幸せな時間であり、食べたほうも幸せを感じられます。

そんな幸せをつくりだせる料理に欠かせない料理道具には、多くの人を惹きつけ、人を笑顔にさせる魅力が潜んでいるのです。

これまで、競合店より安く見積もって取引を勝ち得たこともありました。

しかし、それで取引先が笑顔を見せてくれたことはありません。数字で始まった商売は、どこまでも行っても数字でしかなく、笑顔は生まれませんでした。

一方、たった一つの道具を一切の値引きもなく購入し、見たことのないような満面の笑みを見せてくれるお客様もいます。はたしてこれから先、どちらのお客様と長いお付き合いをしたいのか……。

「たった一人のお客様でいいから、たった一つの最高の商品をご提案することで、満面の笑みを見せてもらいたい。お客様に自信を持って提案できる料理道具屋がやりたい！」

今まで曇天のようだった僕の心に、一筋の光がさした瞬間でした。

なんでもない強みを掛け合わせたら……

「『これが欲しかった！』と心から満足いただける商品だけを集めたら、値切られない店になれるし、自分自身がやりたかった笑顔あふれる商売ができるんじゃないか」

そう考えると、僕たちには二つの強みがありました。

一つは、たった1個から商品を仕入れられることです。

もう一つは、発注から納品までの時間が短いことです。

SWOT分析では、実はどちらも「それ、かっぱ橋道具街のほかの店も同じだよね……」と言われる程度の強みにすぎません。

しかし、この二つを掛け合わせたら、新しい強みになることに気づきました。しかも、ライバル店の中に、この二つの強みを掛け合わせて活用している店はありませんでした。

これまでの飯田屋は、ほとんどがプロの料理人たちに向けたBtoBの商売でした。ところが、詳しく調べると「プロ向けの高品質な道具だから買いたい」という一般のご家庭の方がいらっしゃることがわかりました。

そこで、ＢtoＢ向け商品をＢtoＣ、つまり一般のご家庭の方にまで対象を広げることにしました。名づけて「ＢtoＢtoＣ作戦」。客数は増え、利益率も上がるはずです。

逆に、ＢtoＣ向け商品の中にもＢtoＢのお客様に喜ばれるものもあります。たとえば、１００円ショップの商品をプロの料理人たちもよく利用しているそうです。彼らも料理の味にあまり影響を与えないものは家庭用としてつくられたもので十分なのです。

そこで、ＢtoＣ向け商品をＢtoＢ、つまりプロの料理人にまで対象を広げることにしました。名づけて「ＢtoＣtoＢ作戦」。さらに客数は増え、利益率もより上がるはずです。

この作戦の成功には一つの条件があります。たった一人に心から「これが欲しかった！」と言わせるだけの決め打ち商品をどれだけ取り揃えられるかです。

かといって、在庫を多く持つ必要はありません。なぜなら、同じフライパンを一日のうちに何十枚も買っていくお客様はほとんどいないからです。

多くの場合は、一日に1枚売れるかどうかでしょう。だったら、用意する在庫量は「1枚」でいいことになります。このとき、1枚から注文でき、17時までに注文すれば翌日の開店前には届くという、二つの強みの掛け合わせが生きてきます。

たった1枚しか在庫がなくても、さまざまな機能の違うフライパンを１００種類揃え

圧倒的な品揃えを誇るフライパン

まくることができます。そして、フライパンを探しにきたお客様が感動するほどの品揃えと商品知識を持ってお迎えしたいのです。

3代目の祖父が当時、買える道具がないと困っていたまちの精肉店のために、精肉用品専門店に商いを替えました。それによって、全国の多くのお客様に愛されたのです。

「ならば僕は、料理道具選びで困っているあらゆる方々に〝超〟がつくほどマニアックな品揃えを持つ専門店をつくればいい!」

これから進むべき道が、やっと見えてきました。

「1個在庫・多品種展示」の理由

市場調査をしていると、奇妙なことに気づきました。

駅チカの大型商業施設の大手総合専門店にも、まちなかの小さな店にも、どこにでも必ず置かれている商品の存在です。似たようなラインアップが並び、商品説明もほとんど同じ内容が書かれていました。

料理道具には売りやすい商品があるのです。

たとえば、雑誌やメディアに取り上げられて認知度の高い商品です。それらは機能的に優れていたり、ファッション性が高かったりといくつかの理由がありますが、棚に置いておくだけでお客様を惹きつけます。

ならば飯田屋でも取り扱えないかと考え、気になった商品を片っ端から写真に撮り、商品表示シールに記されているメーカーのお客様相談室に電話をかけてみました。

「かっぱ橋道具街に店を構えている飯田屋ですが……」

しかし、「おたくは何屋さん？」「新規の取り扱いは一切しておりません」と断られるばかり。新規の取り扱いを認めてくれたとしても、ほとんど利益にならないような掛け率を提示されたりしました。

売れるとわかっているのに、仕入れたい商品が思うように仕入れられません。悔しさが募るばかりでした。

飯田屋がようやく手に入れられるのは、どれも無名メーカーのもの。商品の包装すらないような武骨な道具ばかりでした。もちろんバーコードなんて付いていません。

初めはやむを得ず仕入れていました。しかし、実際に手にして特長を調べてみると、ほかにない技術でつくられた商品が多いことに驚かされます。

アカオアルミの雪平鍋もその一つでした。同社は業務用では超有名企業で、1円硬貨用アルミニウム円形を製造する技術を持ち、その製造を許された唯一の会社です。

しかし、残念ながら一般には知られていません。その技術力の高さや商品の持つ特長も一見しただけではわかりません。

商品には「情緒」と「機能」という二つの要素があります。

皿などは「情緒的要素」が高い商品と言えるでしょう。持ちやすさや割れにくさなど機能的な一面もありますが、それ以上に見た目の好みやその場の雰囲気に合うかどうかで選ばれます。メディアが取り上げる料理道具には、この情緒的要素が高いものが好まれる傾向がありそうです。

一方、料理道具は「機能的要素」も大きく求められます。包丁はよく切れること、フライパンは肉がおいしく焼けることなど、使い手が求める機能があるかどうかで選ばれます。

機能的要素は実際に試してみなければわかりません。

さらにいうならば、一つだけを試しても良しあしはわかりにくいものです。いくつかを試し比べてこそ、ほかとの違いや特長を理解できるのです。

一人目の神様が探していた「軟らかい食感を出せるおろし金」のときもそうでした。その上、おろし金一つとってみても、大根をふわふわ食感にしたい方もいれば、シャキシャキした歯応えの食感が好みの方もいらっしゃいます。

ならば飯田屋は、どんな価値観を持ったお客様がいらしても対応できるように、商品を徹底的に集めようと決意しました。見た目にはわかりにくい価値を伝えるために、僕たちがさまざまな商品を実際に試し比べてみればいいのです。

「たった一人のお客様に、感動をしてもらえる商品を揃えよう！」

内径や深さがミリ単位で異なる茶こしも種類は膨大

「たった一人のお客様に、喜んでもらえる商品が一つ売れればいい」

そのために、さまざまなニーズに合う商品をたった1点でいいから、たくさんの種類を集める「1個在庫・多品種展示」で勝負することにしました。商品包装がなくとも、無名のメーカーであっても、職人のこだわりを感じられる価値のある商品ならばいいのです。

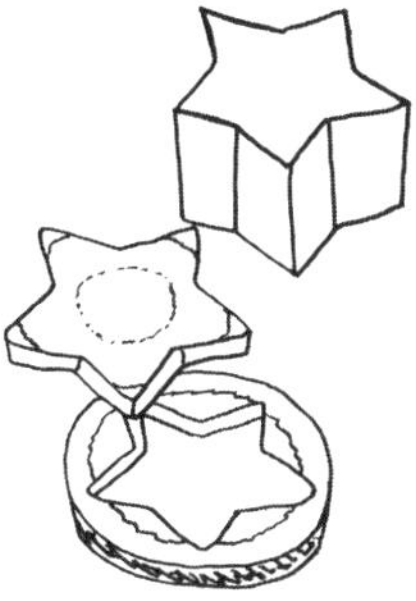

ところが全員が大反対！

笑顔の濃度が高い料理道具で、1個在庫・多品種展示で勝負すると決めると、真っ先にやめなければならないことがありました。精肉店のための道具やメラミン食器、メニュー帳、看板、白衣、食券など、つまり料理道具以外のすべての品揃えです。

そこで、そうした商品が売れても補充せず、空いた棚に少しずつ新しい料理道具を増やしていきました。すると……。

「いつも買っている白衣はどこ？」

「前に買った食器を買いに来たんだけど？」

料理道具はもともと飯田屋の品揃えのたかだか20％ほど。料理道具以外の80％の商品を買いに訪れるお客様からのクレームが殺到しました。

「おまえ、客を切るってことか？」

「もういい、おまえの店には二度と来ない！」

「おまえみたいに客を大切にしないやつが店を潰すんだ！」

昔からお付き合いがあるお客様の中には、これまであった商品がなくなったことに憤りを感じる方も少なくありませんでした。

「商品を変えると、これほどまでにもお客様を怒らせてしまうんだ……」

もう後戻りはできない一本道を進んでいることを、僕はあらためて知ったのです。


飯田屋のように小さな店では、売場に置ける商品の数はたかが知れています。また、郊外店のような広い駐車場もないので、ご来店いただけるお客様の人数も限られます。

あまり世の中に知られていない商品の販売を少しずつ積み重ねて売上をつくる「ロングテール」という手法は本来、売場でのコミュニケーションコストのかからないネット通販が得意とするビジネスモデルです。飯田屋のような「超」がつくほど小規模の実店舗にとっては無謀な挑戦と見られています。

「まったく理解できない。ロングテールなんて不可能ですよ」

いくら経営コンサルタントに説明しても、首を横に振るばかり。もとより在庫管理に厳しい目を持っていた母は「売れない商品を棚に置いておくのは、現金を置いているのと同じようなもの」と猛反対です。

ほとんどの従業員も、呆れるように話を聞き流すだけ。ある先輩経営者には「そんなことをしたら、君のところ確実に潰れるよ」とまで言われました。

誰一人として応援してくれない中、営業部長の加藤だけは違いました。僕の考えを真剣に聞いてくれたのです。

黙って僕の話をひととおり聞いた後、加藤は言いました。

「おまえ、本当に料理道具が好きなのか？　本当にこの仕事が好きなのか？」

当時、僕は料理道具についての知識をまったく持っていませんでした。それでも、料理道具を通じてお客様の笑顔をつくりたいという思いには1㎜の嘘もありません。

正直なところ、誰よりも飯田屋で長く働く加藤に相談するのはためらいがありました。これまでのやり方の否定にもなりかねないからです。何も相談せずにやってしまおうかとさえ思っていました。

しかし、安売り競争に参戦して失敗した経験から、一人で突っ走るばかげた真似だけはしないと決めていたのです。

「飯田屋のいいところは、本気でやりたいと思うことに挑戦させてくれるところだ。だから今でも、ここで働きたいと思える。もし、本気でやりたいのならやってみるといい。困ったことがあれば絶対に助けてやる。何かあったら俺のせいにすればいい」

加藤はすべてを包み込むように優しく声をかけてくれました。

今思えば、僕を後継者として育てようとあたたかく見守ってくれていたのだと思います。

ブログを書き続けて起こった奇蹟

仕入れた道具はすべて使って、とことん試してみました。

たとえば、フライパンには鉄製、アルミ製、ステンレス製、銅製、チタン製など素材だけでもさまざまな種類があります。見た目はもちろん、使用感がまったく異なります。しかも同じ鉄製でも、鉄の厚さや形状、仕上げの加工などが変われば火の入り方が異なり、調理に適する料理や取り扱い方法なども違うのです。

ピーラーには、人参や大根などをむくひげ剃りのような形をした定番のT型ピーラーだけでなく、形状の丸いじゃがいもなどの皮むきに適した縦型ピーラーがあります。刃の形状も通常の刃、トマトやキウイフルーツなど皮が薄い食材専用、キャベツの千切り用、みじん切り用など、用途によっても細かく分かれています。使用してみると、力を入れなくてもするすると皮がむけるものから、皮が厚くむけるもの、力を込めないとむけにくいものまでありました。

こうした情報は、商品パッケージなどには記されていません。いくつも試してみてやっと気づくことができるものです。

たくさんの料理道具を試すほどに、一つひとつの商品が持つ個性が際立って見えてきます。商品パッケージやカタログに記された情報ではなく、ましてやクチコミなど人から聞いた情報でもない、実体験を伴ったリアルな感覚をきちんとお客様にお伝えすることの重要性を感じたのです。

そんな僕の姿を見ていた母から、あるセミナーの受講をすすめられました。モノではなく体験を売る視点のマーケティング手法、エクスペリエンス・マーケティングで知られる藤村正宏さんの講座です。

モノが余っている時代に、モノだけを売っていても売れないことを教えていただきました。少し視点を変えて、お客様に提供できる価値は何かと考えたとき、実体験を伴ったリアルな感覚は大きな価値になることに気づいたのです。

また、藤村さんの講座ではブログで発信することの重要性も教わりました。

「知られていなければ、存在しないのと同じ。専門的な知識があるなら、それに特化したブログを書いてごらんよ。書けば書くほど奇蹟が起きるよ」

こうアドバイスをいただいた僕は、テーマをフライパンに決め、コツコツとブログを書きはじめました。フライパンの選び方や、フッ素加工のフライパンを長持ちさせる秘訣、いろいろなフライパンを徹底比較する記事など、いつも店頭でお客様に伝えている道具屋ならではの情報を公開していったのです。

フライパンのネタだけで100記事ほどを発信したところ、藤村さんが言っていた〝奇蹟〟が起きました。「日経トレンディネット」という情報サイトから、「記事を書いてみませんか？」と声がかかったのです。

年末は料理道具を新調して新年を迎えたいというニーズもあり、フライパンの需要が高まります。そこで、フライパンの記事を書いてほしいというのです。今まで実際に試して比較してきた内容を、ここはチャンスとばかりに気合を入れて記事に書きました。

すると、奇蹟はさらに続きます。記事が話題となり、日本全国に拡散されていったのです。ものすごく評判がよかったそうで、今度は「料理道具の連載記事を毎月書きませんか？」と、さらに次のチャンスをいただけたのです。

〈合羽橋「台所番長」が斬る〉というタイトルで、さまざまな料理道具を徹底的に比較した連載記事を書きました。テーマを決めると、さらに新しい商品を仕入れて使い比べたりもしました。

今までの知識に加えて、メディアで発表させてもらえる機会を与えられてさらに多くの知識を身につけられたことで、より多くの人に役に立つ情報をお伝えしたいという気持ちが強くなっていくのでした。

ついに「料理道具の聖地」へ

連載記事では、「季節の便利グッズを紹介してほしい」と依頼されることもありました。そんなとき、知識が足りない分野はそれを補うように商品を仕入れ、使ってみてはさっそく記事に書き、よかった商品は仕入れて売場に反映させていきました。

店で接客のために調べたり、自分で使って得た知識は連載記事で役立ち、連載記事のために調べた知識は逆に接客の際に価値を発揮したのです。

料理道具の知識や仕入れノウハウは本来、それぞれの料理道具店に蓄えられた門外不出の情報です。だから、今までにその情報を公開する店はありませんでした。

ならば飯田屋は違う道を行きます。

飯田屋独自に蓄えていた料理道具の選び方や仕入れノウハウ、世間で人気を博している道具のいい点はもちろん、道具屋目線で使いにくいポイントなど、料理道具に関するあらゆる知識をすべて無料で配信したのです。

当初、「そこまで自分たちの知識を公開していいのか」という声もありました。「しかも無料でやるなんて意味があるのか」というのです。

しかし、世の中に今はなくとも、いつかは必ず誰かが専門的な知識を無料公開するときが訪れるでしょう。ならば、誰かがやる前に自分たちが最初の一人になればいいのです。

安売りで犯した過去の失敗をここで生かせました。せっかく安売りをしたにもかかわらず、誰にも伝える手段がなくて気づいてもらえずに大失敗した経験です。

知られていなければ、やっていないのと同じです。どれだけ専門的な料理道具の知識を持っていても、お客様がそれを知らなければ、なんの変哲もない金物屋にすぎません。

プロの知識は、必ず多くの方に喜んでいただけると確信していました。そして、その期待どおりの結果が出たのです。

フライパンの選び方、おろし金の選び方、包丁の選び方など、料理道具の選び方シリーズの記事はものすごい反響を呼びました。そして、僕が「これが便利！」と言った道具は品切れするほどの売れ行きとなります。

評判を聞きつけたメディアからは、テレビ番組への出演オファーがどんどん入るようになっていきます。飯田屋がテレビ広告を自ら出せば莫大な費用がかかりますが、ゲストとして呼ばれるのであれば無料。飯田屋にとっては絶好のチャンスです。

少しでも印象に残るように僕は広告塔として、蝶ネクタイや眼鏡を着用し、トリッキーな髪形で出演しました。今でこそトレードマークになっていますが、「おぼえてもらうためならなんでもやってやる！」という必死の対策でした。

その甲斐あってか、メディアに取り上げられるほどに別のメディアにも呼ばれるようになりました。いつしか飯田屋は「料理道具の聖地」と呼ばれ、売上もぐんぐんと伸びはじめ、日々の売上の不安に怯える必要がなくなっていったのです。

同時に、これまで僕の経営方針に疑心暗鬼だったスタッフも物言いしなくなりました。

「これで、もう大丈夫だ！　これから、もっと伸びていく！」

飯田屋の未来が明るく見えてきたと、僕は有頂天になっていました。

第2章

いい会社って
なんだ？

まさかの集団辞職で天国から地獄へ

お客様の満足のために効率を捨て、1個在庫・多品種展示を選び、実際に道具を使って販売する「料理道具ヲタク」のいる店として、飯田屋はさまざまなメディアに取り上げられました。世間からは「いい会社」と褒めたたえられるようになったのです。

お客様もどんどん増え、業績は増収増益へ。そんな変化に、会社がいい方向へ進んでいる手ごたえを実感していました。

ところが、ある日突然、悪夢のような集団辞職が始まります。

実はその当時、社内の雰囲気は最悪でした。従業員休憩室からは絶え間なく愚痴や批判の声が漏れ、仲間の陰口を叩く者、同僚のミスを笑う者、人の足を引っ張る者がはびこり、従業員を募集してもすぐに辞めてしまう状況が続いていました。

「世間から注目されるこんな〝いい会社〟で働いているっていうのに、どこに不満があるんだ!?　売上も上がって、未来は明るいはずなのに！」

彼らの態度を理解しようとするどころか、憤りすら感じていたくらいでした。

そんな僕を嘲笑うかのように、その日は突然やってきました。役職者である営業課長を含む半数を超える社員が一斉に「辞めたい」と言い出したのです。

「なぜ辞めるんだ?」と理由を尋ねると、「実家の母の体調が悪く、介護が必要になったため辞めたい」と言います。介護であれば仕方ないかと渋々了承し、ほかの社員にも退社の理由を尋ねます。

すると、「実家の母の体調が悪いため辞めたい」と同じ理由。ほかの社員も一様に「家庭の事情があって」と言います。なぜ、こうも一斉に家族の具合が悪くなるのか……。

僕は、彼らが辞めたい本当の理由をまったく理解できずにいました。なぜなら、経営状況はかつてないほどの改善に向かっていたからです。いよいよ、従業員の給与を上げることも、待遇を改善することもできる時期にさしかかっていました。

「ここで辞めたらもったいない!」と、必死に彼らを引き止めました。

でも、「一刻も早く辞めたい」の一点張りで、まるで聞く耳を持ってはくれません。「せめて次の従業員が決まるまで働いてほしい」とお願いし、渋々勤務を続けてもらうような状況でした。

そんな中でも、メディアからの取材依頼は絶えません。飯田屋をこれからもっと「いい会社」にしていくために、メディア対応に追われる日々を過ごしました。

一方で、僕が不在となった店ではトラブルが後を絶ちません。お客様の前で怒鳴り合いの喧嘩が始まり、感情的になった従業員が商品を蹴り飛ばして店を出て行ってしまうといった不始末も起きます。さらに、売上伝票やクレジットカードの使用控えが紛失するなど、会社としての信用に傷をつけかねないトラブルも増えていきました。

どうしたらよいのかわからず途方に暮れていると、退社が決まっていたある従業員が教えてくれました。

「最後だから言いますけど、あなたと働きたくないから辞めるんですよ」

耳を疑いたくなるほど、衝撃的なひと言でした。

このとき初めて、従業員が辞めていった本当の理由を知ったのです。

間違っていた「いい会社」の4条件

いい会社にしようと、僕は必死に手を尽くしてきたつもりです。

従業員たちが喜ぶだろうと思い、取り組んだ改善は大きく4つありました。

①給与の改善
②休暇の増加
③福利厚生の充実
④働いていることが恥ずかしくない

この4条件が「いい会社」の条件だと僕は考えていました。

まずは、業績の向上に合わせて給与をアップしました。驚くことに、給与を上げた直後にも人は辞めていきました。

次に完全週休2日制を取り入れ、さらに夏期休暇・年末年始休暇を充実させました。それにもかかわらず、また人は辞めていきました。

従業員たちのモチベーションやパフォーマンスの向上を図るため、セミナーや勉強会への参加や書籍購入が積極的にできるような体制を整えました。それでも、やはり人は辞めていったのです。

テレビ出演や雑誌掲載などメディア活動に力を入れました。「飯田屋で働くことに誇りを感じろ！」と言わんばかりに、知名度向上のためにどれだけ僕が頑張っているか、どれだけ認知された店で働くことが幸せなのかを従業員に伝えました。

それなのに、従業員の過半数から一斉に退職願いを突きつけられたのです。

この4つが揃うことこそが、働きやすさだと考えていました。

しかし、現実はまったく違ったのです。なぜでしょうか？

理由の一つが、僕の心の底深くに根を張っていた極度の売上恐怖症でした。

「一人のお客様を心から喜ばせられれば、結果的に売上はついてくる」

頭では、そう理解できているつもりでした。ところが、「売上がなければ会社は継続できない……。また売上に悩まされる日々に戻りたくない」という恐怖心がずっと僕を支配していたのです。

いい会社の4条件を揃えることは、その恐怖心から目を背けるのには好都合でした。

そうすれば、「なぜ、もっと努力をしないんだ！」「なぜ、もっと売上をとれないんだ！」「どうして、お客様をもっと喜ばすことができないんだ！」と、できない責任を従業員に押しつけることができたからです。

「僕はこんなに頑張っているのに！」と示したかっただけなのです。

従業員のためを装いながら、僕は売上のことしか考えていませんでした。

本来であればいちばんの味方であり、もっとも大切にすべき従業員たちを、小間使いのように扱っていました。経営者である自分は「お客様のためならば何をしてもよい」とばかりに振る舞っていました。

そんな僕の、醜い心の内を見透かしていたのでしょう。だから、従業員たちは飯田屋から去っていきました。

いい会社をつくっている気になっていただけで、会社を内側から壊し続けていたのは、安売りに走ったときと同じく、ほかならぬ僕だったのです。

経営者失格、後継者落第——それが僕の現実でした。

正論は一方的なただの暴力

　とにかくお客様を喜ばせようと必死な一方で、従業員には高圧的な売上至上主義を貫いていました。ミスがあれば大声で怒鳴りつけ、売上が上がらなければ頭ごなしに駄目出しをする。「お客様を喜ばせるため」という大義のもと、絶対に言い返せないような正論で従業員たちを追い込みました。

「嫌われたってかまわない」

「いい店をつくるためなら、いつだって嫌われ役を買って出てやる」

「さぁ、嫌ってくれ！　その代わり、なんでも言える権利が僕にはあるからな」

　僕は本気でそう思っていました。

　経験の浅い若造に、後継者というマウントポジションから一方的に正論で追い込まれたのですから、さぞかしプライドを傷つけられていたことでしょう。

　一方的な正論はただの暴力にすぎません。それにまったく気づいていませんでした。

　誰よりも料理道具を勉強して、お客様に喜んでもらえる接客をこなし、誰よりも売上をつくっているというおごりがありました。経営者がすべき仕事に加えて、メディアへの対応もこなし、誰よりも努力をしている自負がありました。

従業員たちができないのは、ただ単に努力が足りないからだと考えていたのです。しだいに、誰もがミスを隠すようになっていきます。そうした彼らのずるさを発見すれば、なおのこと怒りは込み上げてくるのでした。

売上が上がらなければ怒鳴られ、怒られればさらに萎縮してミスを起こし、ミスをすればまた追い打ちをかけるような罵声を浴びせられ、それがわかっているからまたミスを隠したくなる——何をしても怒られるのではないかという抜きがたい恐怖心が負のスパイラルをつくりあげていました。

突然辞める従業員は後を絶ちません。消えた従業員が残した仕事は山積みになり、残された者の負担は大きくなるばかり。ただでさえオーバーワークだから、これまで簡単にこなせていた仕事にもミスが起こりはじめます。

納品から帰ってくると「数量が足りていない!」と、クレームの電話が頻繁にかかってくるようになりました。数を確認する単純作業ができないほどに、心の余裕がなくなっていたのです。

店頭でご購入いただいた商品を、配送するだけの作業にもミスが起こります。「購入したものと違うものが届いた」というお客様からのクレームが続きました。

その理由をのちに知るのですが、ストレスを抱えた従業員が僕への嫌がらせに商品を取り替えていたのでした。不満のはけ口をお客様へ向けるほど、僕は彼らを追い詰めてしまっていたのです。

それでも僕は、どんなに従業員が頻繁に変わろうが、採用して2週間で辞めようが、どれだけクレームが増えようが、平然とした顔をしていました。経営者としての威厳を保つためには、弱みを見せてはいけないと思っていたからです。

「辞めていくほうに問題がある」「あいつらは根性がないんだ」「なんで僕はこんなにも人に恵まれないんだ」と、辞めていった人たちに指を向け心の内でののしることで、本当の原因から目をそらしていたのです。

まだ、自分の弱さを受け入れられずにいたのです。

精神的に追い詰められ、食べものもろくに喉を通らなくなりました。神経は過敏になり、不眠が続くようになります。いつも微熱状態で、どんどん痩せていきます。自分自身の体が壊れていくのを感じました。

あんなにも夢に見た、売上が上がり、お客様でいつもあふれている評判の店を実現できたのに、僕の心はまったく穏やかではなく、幸せとはかけ離れていました。そこにいるだけで苦しみを感じる、まるで地獄のような店になっていたのです。

三人目の神様との出会い

もともと、知らないことを学ぶのが好きでした。売上につなげようと、マーケティング系セミナーには積極的に参加しました。SNS集客、販促、POP、輸出、多店舗化など多くのビジネスセミナーに頻繁に足を運びました。

ある日、ある勉強会への参加を母から強くすすめられました。「人と経営研究所」の大久保寛司さんの勉強会でした。「教えないで、気づきに導くプロ」として全国に熱烈なファンを持ち、いい会社を育てる組織風土改革の第一人者として有名だといいます。

しかし、僕は世間で言われる「いい会社」などきれいごとだと思っていました。いい会社の条件とは絶対的な売上の大きさだと考え、そのために全力を尽くしていました。

そんな僕に、母は「あなたに必要なのはこれだから!」と、半ば強引に申し込んでしまったのです。母は昔からこれと思ったら、一直線に進むようなところがあります。そうなってしまうと、断ることのほうがたいへんです。

渋々、気が進まないままに会場に向かいました。ところが、この日の大久保さんとの出会いが僕の運命を大きく変えていくのでした。

「経営者の仕事とは、なんだと思いますか？」

穏やかな表情と鋭い眼光を持った大久保さんは、参加者を見渡しながら問い掛けました。

心の中で、はっきりと「売上を上げ、利益を守り、会社を潰さないことに決まってるじゃないか」と答えました。

さらに大久保さんは「人は何のために働くのでしょうか？」と問います。

僕はまた心の中で「お金でしょ？　それと休みが多くとれて、ほかの会社よりいい条件かどうかだってば！」と答えます。

しかし、大久保さんの答えはまったく違ったのです。

大久保さんは穏やかな声で言います。

「人が働くのは、自分と家族の幸せのためです。経営者の仕事とは、従業員の幸せのために働くことです」

大久保さんはさらに続けます。

「ルールや賃金など外的要素を変えても、従業員が変わるのは一瞬です。仕組みをつくれば表面上はとりつくろえても、人の本質は変わりません。人は、人を変えることはできません。ただし、人が自ら変わる環境をつくることはできます。経営者の仕事とは、その人がその人自身の力で変わる取り組みを全力で支援すること。その人の中にあるいいもの、

三人の神様と出会わなければ、今の飯田屋はなかったかもしれない

光り輝くものを引き出してあげることです。そのためには、経営者やリーダーは人格を磨き、信頼できる人にならなければなりません」

大きな衝撃を受けました。僕の考えとまったく違うものだったからです。

僕は会社を潰さないために売上を上げ、利益を守り、会社の知名度向上にも尽くしてきました。それなのに、従業員たちは幸せではなかったというのです。

正直、まったく理解できませんでした。そんな僕に、大久保さんは言いました。

「あなたは、まだ自分に指を向けていない」

まったく意味がわかりません。ただ、その言葉はずっと僕の心に引っ掛かり続けました。

経営者の本当の仕事とは?

セミナーが終わると、大久保さんに言われた言葉を引きずったまま会社に帰り、仕事に戻ります。すると、いつものようにミスが起こり、従業員が入社してはすぐに辞めていくという現実に引き戻されます。

「なんでこんな単純なミスをするんだ!」

「このミスのせいで、お客様から悪い噂を立てられたらどうするんだ!」

「またすぐに辞めてしまった……。なぜ? なぜ? 僕の何が嫌だっていうんだ!」

すると、ミスを指摘していたときの自分の姿が思い浮かびました。相手を指さして、二度と間違いが起きないように指摘している姿です。

そのとき、ハッと気づいたのです。僕はいつも指を人に向けて責め続けていたのです。

「あなたは、まだ自分に指を向けていない」

大久保さんに言われた言葉が頭に浮かびます。

「自分に指を向けるって、もしかして……」

飯田屋に入社してきたばかりの従業員たちは、誰もが夢や希望に目を輝かせて働きはじめます。ところが、月日が経つにつれ、その輝きはみるみる失われ、一人二人と去っていきました。

初めから辞めようと思って入社した人は、誰一人としていないはずです。

それなら、なぜ辞めざるを得なくなったのでしょうか？　それは、辞めたくない人が辞めざるを得ない環境がそこにあったからです。

誰もが、自らの能力を生かせる場を探していたはずです。それにもかかわらず、細かいミスを見つけては指摘し、頭ごなしに怒鳴りつけました。

ある日、トイレにペーパーがセットされていないミスがあり、トイレ掃除の担当者を見つけ出して怒鳴りつけました。トイレ掃除の基本すら、なぜできなかったのでしょうか？

それは圧倒的に従業員の数が足りず、急いで店頭に戻る必要があったからです。急がなければならない現場があったのです。ミスをしたい人なんて、誰一人いません。

つまり、原因は従業員たちの「外」にありました。そこには、ミスをしたくない人がミスをしてしまう環境があったのです。

では、その環境の責任者は誰なのか？　ほかの誰でもない、僕でした。

従業員たちが一斉に辞めてしまった理由は「僕と一緒に働きたくないから」でした。

これまでの僕は、一方的な価値観でミスを責めては、「駄目なのは従業員たちだ」と決めつけていました。その一方で、自分自身は優秀な経営者だと思い込んでいました。

「お客様のため、会社のため、従業員のため」と言いながら、自分のことばかり考え、ミスが起きるのはすべて自分以外の責任と考えていたのでした。

大久保さんの言葉を思い出します。大久保さんは「従業員は、あなたや、あなたの会社のために働いているのではない。自分と家族の幸せのために働いている」と言いました。

これまでを振り返ると、僕は今までに一度も、従業員の幸せを考えたことがありませんでした。1円でも多くの売上を上げて、1円でも多くの給与を払ってさえいれば、従業員は喜ぶだろうと思っていました。

「幸せ」を感じられない職場で、長く働いてくれるわけがありません。どれだけ給料が増えたとしても、どれだけ休日が多くても、それが幸せにつながるとは限りません。

僕と一緒に働くこと、それ自体が従業員を不幸にしていたのです。

「だからみんな離れていったのか……」

やっと僕は従業員が離れていく本当の理由を理解したのでした。

僕は経営者失格でした。僕にリーダーの資格はありませんでした。

飯田屋には、料理道具を求めて全国から多くのお客様が集まります。そのお客様だけ

今は従業員に感謝の気持ちで接している僕も、当時は……

が、僕にとっての喜ばせるべき対象者でした。

しかし、ほんの少し視野を広げてみれば、一緒に働く従業員も大切なお客様の一人であり、喜ばせるべき大切な仲間だったのです。いちばん身近にいる従業員を幸せにできずに、より多くのお客様を喜ばせることなどできるはずもありません。

僕が本当にすべき仕事は、従業員に1円でも多く給与を支払うことではなく、一つでも多くの幸せと喜びを感じてもらえる環境を整えることだったのです。

「従業員たちが幸せを感じられる職場をつくりたい……」

「従業員たちからの信用を取り戻したい……」

そう、強く思いました。

優秀とは「優しさに秀でている」と書く

「優秀」とは何を意味するのでしょうか。

誰よりも売上成績がよい「販売技術」でしょうか。仕事のミスをしない「丁寧さ」でしょうか。新しいアイデアを生み出す「発想力」でしょうか。

それらは、すべて素晴らしい能力です。

しかし、それだけで本当に優秀と言えるのでしょうか。

優秀という単語を分解すると、「優しさに秀でている」となります。真に優秀な人とは、優しさに秀でた人。これも、大久保さんに教わった大切な考え方です。

誰よりも売上をつくり、誰よりも道具に詳しく、誰よりも在庫管理に秀でる僕は、自分を従業員の誰よりも優秀だと信じていました。

しかし、それは違いました。僕には優しさがひとかけらもありませんでした。

見方を変えると、優秀な人材が飯田屋にはたくさんいることに驚きました。多くの従業員が辞めていく中、飯田屋を支えてくれていたのは優しさに秀でた心を持った者たちでした。彼らの優秀さに、飯田屋は支えられていたのです。

飯田屋でもっとも優秀でないのは、ほかならぬ僕でした。自分がもっとも優秀と思っていましたが、実は僕がもっとも優秀ではなかったのです。


飯田屋でも飛び切り優秀な従業員、藪本《やぶもと》達也《たつや》の話をしましょう。

彼の持ち味は、お客様の気持ちに寄り添った心の通う接客にあります。人と会話をするときには体の向きを正し、真っ正面から心の声に耳を傾けます。ゆっくりと考えて誠意を込めて話すので、テンポは少しゆっくりとしています。

お客様からのどんな問い合わせにも、嫌な顔をせず快く対応をしてくれます。カタログを片手に、一人のお客様に何時間でも、ご納得いただけるまでとことん付き合います。

仕事の効率ばかりを重視していた僕は、「なぜ、もっと効率的にできないのか?」と不満でした。しかし、それは間違いでした。藪本はとても優しさに秀でていたのです。


あるとき、お気に入りの急須の茶こしを新調したいと、ご婦人が来店されました。

しかし、茶こしの種類は膨大です。その上、茶こしは内径と深さが㎜単位で設計されており、急須にぴったりのサイズを探すのは容易ではありません。

やっとのことで見つけ出したとしても、単価はたったの数百円。割に合わない商売になるため、新しい急須をおすすめしたくなります。

現に、どこの店でも「うちには置いてない」と、たらい回しにあっていたようでした。

そんな姿を見兼ねた藪本は「もし、ここで断ってしまったら、どこへ行っても茶こしを手に入れられないだろう……。ご婦人の希望を叶えてあげられるのは、きっと僕しかいない」と、分厚いカタログを片っ端から開き、メーカーに問い合わせ続けました。

2時間ほどかけてようやく見つけ出すと、ご婦人はにっこりと喜んで帰られました。

「たった一人のために、たった数百円のために、なんて非効率なんだ！」と思うかもしれません。正直なところ、僕自身がずっとそう考えていました。

しかし、たった一人のために、たった数百円のために、これほどまで親身になれるのは誇るべきことだったのです。非効率なほどに親身にしてもらった経験は、お客様にある種の感動を与えているに違いありません。

藪本が不在時、僕が代わって要件をうかがおうとしたら、「藪本さんがいらっしゃる日に、あらためてうかがいます」と、お断りされたことが何度もあります。個人的には寂しいものの、お客様との間にある信頼関係を誇りに思い、嬉しさが込み上げてくるのです。

また、藪本は一緒に働く仲間たちに向けても優秀さを発揮していました。

お客様一人ひとりの気持ちにとことん寄り添う藪本達也

誰かが重たい荷物を運んでいれば、頼まれなくても手伝います。汚れている場所は率先して掃除をします。困った人がいたら、自然に声をかけて助けます。

そんな藪本の姿を見て、ほかの従業員たちも優しさを発揮してくれます。優しさは次の新たな優しさを育んでいたのです。

「仏の藪本」という愛称で呼ばれる彼は、今では飯田屋の名物店員として知られ、世界中からお客様がひっきりなしに彼を訪ねてきます。「藪本さんからじゃないと買いたくない」と、おっしゃるファンが何人もいらっしゃいます。

彼は、人を大切にできる優しさに秀でた、とても優秀な「人財」だったのです。

大切なことを大切にする

　大久保さんの勉強会では、さまざまな講師がお話しくださいました。その中でも特に印象に残っているのが、株式会社はちどりの代表、石原慧子《さとこ》さんの「大切な人が大切にしていることを大切にする」というお考えです。

　その話を聞いたとき、雷に打たれたような強い衝撃を受けたことをおぼえています。

　幼いころ、母からたくさんの「大切なこと」を教わりました。商家で育った母は礼儀や挨拶、感謝の気持ちや謝罪する心など、人として大切な心と振る舞いを厳しく教えてくれたのです。

「感謝することは大切。人に優しくしてもらったら必ずありがとうって言うのよ」

「挨拶することは大切。人に会ったら必ず挨拶をするのよ」

「間違ったことをしたら謝るのは大切。人を悲しませたら必ずごめんなさいと言うのよ」

「友だちや仲間はとても大切。だから誠意を持ってお付き合いしなさい」

　子どものころは、意識しなくとも当たり前にできていたように思います。それなのに、いつから僕は大切なことを忘れてしまったのでしょうか？


「みんなが挨拶するのは当たり前」

「従業員が働くのも当たり前」

「妻が食事をつくるのも当たり前」

「お客様が来店するのも当たり前」

全部を当たり前と思って、僕は大切なことを大切にしてきませんでした。だから、僕から人が離れていったのです。


僕は、自分の家族すら大切にしていませんでした。いつも仕事を優先し、父親として何よりも大切な役割である子育てすら妻に任せっきりでした。独りでたいへんな思いをしている妻に、感謝の気持ちを伝えることすらしなかったのです。

そんな僕の態度は妻の心を深く傷つけていました。それにも気づけず、離婚の危機を迎えたこともありました。それどころか、「仕事でたいへんなのに理解してくれない。僕は家族のことをこんなに大切に思っているのに」と思うこともありました。

家族のことを、従業員のことを、お客様のことを、取引先のことを、地域の人たちのことを大切に思わない人なんてきっといません。でも、大切にできない人はたくさんいます。

まさに、その代表が僕でした。


今ならはっきりと言えます。大切に思うことと、大切にすることはまったく違うのです。

やるべきは「大切な人が大切にしていることを大切にする」という行動なのです。

大切な妻が大切にしていることを大切にできていれば、妻を傷つけたりはしなかったかもしれません。

大切な従業員が大切にしていることを大切にできていれば、集団退職を決意させるような事態にはならなかったかもしれません。

これまで、従業員たちの私生活に興味を抱いたことはありませんでした。就業中にしっかりと仕事さえしてくれたら、それでよかったからです。

でも、従業員たちを大切にするためには、一人ひとりが大切にしていることを知らないと、大切にすべきことが見えてきません。

初めて、彼らの私生活に興味を持てるようになったのでした。

感謝を大切にする「感謝の時間」

今までおろそかにしてきた「大切な人が大切にしていることを大切にする」ために、まずは「感謝」を大切にすることから始めました。

すると、すぐに自分の愚かさに気づきます。感謝の気持ちを持って日々生きようと思う心を1時間もすると忘れ、すべてが当たり前と思っていた自分に戻ってしまうのです。

頭ではわかっているのに、行動が伴いません。以前と同じように従業員を怒鳴ってしまった後、「なんで僕はこんなに駄目なんだ!」と落ち込むのです。

誰よりも、僕自身が感謝の心を忘れてしまいます。そこで日課としてできるよう、日々の行動の中に感謝することを仕組み化して、忘れないようにできないかと考えました。

それが「感謝の時間」です。朝礼と終礼の一日に2回、感謝の出来事を思い返し、口に出して従業員と共有する時間を設けました。

朝礼では、静かに目をつぶって60秒間、出勤するまでの間にあった出来事を思い、心の中で感謝します。「今朝、玄関まで見送ってくれた妻と子の笑顔にありがとう」「元気に出社してくれたみんなにありがとう」など、どんなことでもかまいません。そして、その中でもっとも大きく感謝した出来事を一人ずつ発表しあいます。

終礼では、一日を思い返して感謝すべきことを、また60秒間目をつぶって考えます。そしてその日いちばん感謝した出来事を発表し、みんなでシェアをします。「○○さんが笑顔で挨拶してくれたから、元気に仕事がスタートできました」「○○さんが△△をしてくれたから、お客様の接客に専念できました」など、どんなことでもかまいません。

ところが、感謝の時間を始めた当初は感謝すべきことが思い浮かばず、60秒間を持て余していました。どれだけ僕が日々当たり前の感覚で過ごしていたかを思い知らされました。それでも毎日続けているうちに、感謝すべきことに気づく力が育ちます。何気なく過ごしている日常が感謝であふれているありがたさに初めて気づくのです。

従業員たちが元気に出勤してくれること。
お客様が店に来てくれること。
取引先が商品を届けてくれること。
当たり前のことなど何一つなく、すべてが感謝の種でした。
感謝の心を持って人と接して物事に向き合うと、感謝の種は大きく膨らんでいきます。

小さな感謝の気持ちがより大きな感謝の気持ちを育み、優しさの循環が始まりました。

感謝の時間は、仲間のいいところを知る機会にもなっています。

これまで、朝礼・終礼は業務報告をするだけの退屈な時間でしたが、お互いを知るための大切な時間へと変わりました。従業員に、就業中でいちばん楽しくて充実した時間はいつかを問うと、「感謝の時間」という声が多く上がります。

今では60秒では全然足りません。たった60秒では、日々思いつく感謝の出来事が多すぎて時間が足りなくなりました。

従業員に感謝を日々伝えるようになると、従業員からも感謝の言葉をもらう機会が増えていきました。飯田屋は、日々の些細な出来事に感謝し、お互いを大切に想いあえる組織でありたいと願います。

仲間が大切に思うものをみんなで大切にする——それができれば、何が起きても立ち向かい、助けあえる強い組織ができるはずです。

営業方針はまさかの「売るな」

お客様は大切です。これを否定する人はいないでしょう。

でも、僕は大切にしているつもりで、実はまったくできていませんでした。表では「お客様は大切だ」と言いながら、裏ではいかに多くの商品を売り、大きな売上をつくるかだけを考えてきました。売上ばかりに執着していたのです。

だから、心からお客様を大切にしたいと思った従業員たちは僕から離れていきました。

どの業界でも、売上目標達成のためにノルマを設けるのが一般的です。たしかにノルマは、売上を上げるための手段としては優れています。

しかし、優れた手段であっても、それ自体が目的ではありません。それなのに、いつの間にかノルマそのものが目的となっている企業が少なくないのです。

すると、何が起こるでしょうか。

従業員たちはノルマを達成するために、どんな手段もいとわなくなります。お客様が求めるものより高価な商品を売りたくなるかもしれません。お客様にとって不必要なものや、お客様が使いこなせないような商品でも売ろうとするでしょう。接客が必要な商品よりも、簡単に売れる話題の商品だけを仕入れるかもしれません。

さらに売上成績の悪い仲間を、能力のない存在と決めつけるかもしれません。

ノルマを達成すれば喜び、ノルマを達成できなければ落ち込みます。ついには、評価の基準がすべて数字にあるように感じてしまうでしょう。

すると、優しさに秀でた「優秀」な人でも、優秀でいられなくなります。「いい人」がいい人のままでいられなくなるほど、数字は絶対的な拘束力を持っています。

僕は今まで、飯田屋の誰よりも数字の呪縛に囚われてきました。だから、数字にのめり込んでしまうことの恐ろしさを、身をもって知っています。

心からお客様を大切にするには、まず数字の呪縛から逃れなければなりません。「売上を気にするな」と伝えるだけでは、人は数字の呪縛から自由になれないのです。

そこで思い切って、「ノルマや売上目標といった数字の管理を今後一切廃止する」と従業員に伝えました。

ノルマによる売上達成ではなく、笑顔による売上向上を目指そうと決意しました。逆説的ですが、従業員たちが目の前のお客様の笑顔だけを大切にして販売できたなら、数字の管理などなくても売上は上がっていきます。従業員が店の都合をまったく気にせず、来てくれたお客様の満足だけを考えてくれる店があったら、僕なら必ずその店のファンになると思ったのです。

そもそも料理道具は、売って終わりの消耗品ではありません。お客様のライフスタイルに密着した、とても大切な食生活のパートナーなのです。

ご購入後に使っていただいて、やっとスタート地点。そして、「なんていい道具にめぐり合えたのか」と、最高に嬉しい気持ちで料理をしてもらい、食べて幸せと喜びを感じてもらうところが目的地です。もし、ご購入いただいたものがライフスタイルに合わないものであったら、がっかりさせてしまいます。

たとえば、どんな料理でもおいしくなる魔法のA鍋とB鍋があるとします。

A鍋は高価な上に、重くてお手入れがたいへんです。しかし、煮込み料理を最高においしくつくれます。

B鍋はリーズナブルな価格で、とても軽くお手入れも簡単です。ただ、焦げつきやすく、料理をするのにコツが必要です。

そこに、華奢で小柄なご婦人から「お値段は高くてもかまわないので、私にぴったりの

僕にとって父のような存在。営業部長の加藤勝久

鍋が欲しい」と相談されたとしましょう。

あなたなら、高くて重いA鍋を売りますか？　それとも、安くて軽いB鍋を売りますか？

ノルマがあったら、A鍋を売りたくなりそうです。しかし、ノルマがなければ、ご婦人の華奢で小柄な体格に合った軽いB鍋をおすすめできるかもしれません。

ノルマがなければ、お客様に本当に合う道具が何かを考えるチャンスが生まれます。いったい誰が使うのか？　どれくらいの頻度で使うのか？　どんなキッチンで使うのか？

質問を重ねて、より一層の満足を感じてもらえる道具を導き出せるのです。

ノルマは靄《もや》のかかったサングラスのような

ものかもしれません。初めは見えにくさを感じても、いずれは慣れていきます。そして、お客様をノルマを通して判断するようになってしまいます。

それが怖いのです。

とはいえ、売上がなければ経営は成り立ちません。売上が伸び悩んだときは、「ノルマをつくったほうがいいのではないか？」と不安に思う自分もいました。それでも、やせ我慢をしてでも従業員たちを信じる道を選びました。

従業員たちがノルマによる販売ではなく、お客様が抱くニーズの本質を探して販売してくれれば、お客様の満足度は高まります。そうすれば、飯田屋を信頼してくださるお客様が増えるはずです。

そうした評判が評判を呼び、お客様が飯田屋を信じて何度もご来店いただけて、愛してくださる商いを目指します。どんな繁盛店も、一人ひとりのお客様が何度も来てくれる積み重ねなしに生まれるはずはありませんから。

だから僕は、従業員たちに自信を持って「売るな」と言っています。目の前のお客様の話をしっかり聞き、何がその人にとって必要なものかを理解し、道具を「つなぎあわせてほしい」と伝えています。

業界常識はずれの「3ない営業」

そういうわけで、飯田屋にノルマはありません。

「ノルマがなければ、人はサボる」と、親切に僕に教えてくれた方がいました。

いいえ、飯田屋の従業員は誰一人サボりません。

売上の数字で縛らなくても、目の前のお客様を大切にすれば繁盛は訪れます。この「目の前のお客様を大切にする」という〝当たり前〟は、文字どおりの意味ばかりでなく、一緒に働く従業員を誰よりも信頼するという僕の決意でもあるのです。

ですから、飯田屋にはノルマばかりか「売上目標」もなければ、「飛び込み営業」も行いません。数字に追いかけ回される経営をすべてやめ、「3ない営業」に徹しています。

「個人のノルマをなくすのはわかったけれど、会社としての経営目標はあるでしょう?」という質問をよくされます。それも答えは「ありません」です。

経営目標があったら、従業員を数字で判断してしまうかもしれないからです。それでは意味がありません。決めたからには、どこまでも徹底的に行うことが肝心です。

もちろん、以前は多くの企業と同じように売上目標があり、飛び込み営業もしていました。この業界では、飛び込み営業による外売りが売上の大半を占める会社が少なくありません。飯田屋でも店にお客様が来なかったころ、飛び込み営業専門の営業会社にしたらどうかと考えたときもありました。

外売りで選ばれるためには、圧倒的な安さが必要です。「もっと、いいものないの？」の問いは「もっと、安いものないの？」を意味していました。商品の品質よりも、安さを求められるお客様が多いのです。

飯田屋では数字の管理をなくし、「売るな」の営業方針を決めたときから、安さだけで勝負をする商売から卒業しました。今では外売りは0％です。

その代わり、お客様にわざわざ飯田屋まで買いに行きたいと思ってもらえるような品揃えと、お客様に寄り添った接客に努めています。安さで選んでもらうのではなく、飯田屋でなければ味わえない体験でお客様を惹きつけるためです。

一般的に、企業経営には数値計画に基づいた事業計画が不可欠とされます。飯田屋ではそれらを一切なくしたのですから「無謀な経営」と言われても仕方ありません。「計画性がない」「改善点が明確化されない」「利益の分配が計れない」などと揶揄《やゆ》もされます。

しかし、「3ない営業」によって売上とお客様の満足度が上がっているのは、まぎれも

「お客様に絶対に後悔させない」がモットー。杉山研二

ない事実です。今の僕たちには最適な営業方針なのです。

黒字利益を生み続けているので、銀行から意見されることもありません。

特に節税対策もしないため、税金は多めに払っている可能性がありますが、大きな問題ではありません。これからも税金はバンバンと払っていこうと思っています。

利益の使い道は、多角経営や多店舗展開ではなく、従業員への還元と新しい料理道具の開発や仕入れに回していきます。何よりも嬉しいのは、従業員たちが「営業方針がわかりやすくて働きやすい」「仕事にやりがいを感じられる」と言って、目をキラキラとさせて見せてくれる〝笑顔〟です。

一人のお客様に160時間

「売るな」という営業方針を決め、「3ない営業」で売上目標をなくしました。代わりにすべきは、目の前のお客様に喜んでもらえる方法を考え、思う存分に実行することです。

そこで、新しく「160時間ルール」を設けました。

これは「ほかのすべての業務を放棄してでも、一人のお客様の満足のために160時間までは充ててもいい」というルールです。僕たちはノルマを持たない代わりに、目の前にいる大切なお客様をとことん大切にすると決めているからです。

160時間の根拠は、一日8時間勤務で1カ月の平均勤務日数が20日。つまり「8×20」で160時間という単純なものです。

1カ月間まるまる一人のお客様に充てることができるのです。靄のかかったサングラスを捨て、お客様の気持ちに寄り添った接客を目指すためのルールだと思ってください。

「非生産的で非効率」というのも、もっともなご指摘です。

一日の営業時間はたった8時間。その中でやらなければならない業務は山ほどあります。

それでもこのルールを実行できるのは、飯田屋に助けあいの文化が根づいてきたからにほかなりません。誰かが160時間ルールを適用しはじめたとわかれば、必要に応じてほかの従業員が自然とフォローに回ります。

それで売上が減ったとしてもかまいません。「目の前のお客様を大切にする」という飯田屋の姿勢が伝わればいいのです。

お客様が心に秘めているご要望を引き出すためには時間がかかります。160時間をかけても、お客様のご要望にお応えできないことはあるでしょう。しかし、本気で対応した気持ちだけは必ず伝わるはずです。

「1円の利益にもならない」と、他社から揶揄されることもあります。

しかし、なんの問題もありません。

かつて僕は、飯田屋を日本でいちばん売るのがうまい店にしたいと思っていました。でも今は、飯田屋を日本でいちばん相談に行きたくなる店にすることを目指しています。

そのためには、売るのが巧みな店員は必要ありません。お客様が相談に行きたくなるような優しさに秀でた店員が必要なのです。

この160時間ルールができてから、飛躍的に来店客数が伸び、実際にご購入客数が増えました。それは必然なのです。

仏の顔も2万回

「前に伝えたのに、なぜわからないんだ！」

「何度も言わせるな！　そんなことは自分で考えろ！」

多くの会社では、上司に同じことを2回聞くと、こんなふうに怒られます。

それにもかかわらず、自分で判断したことが間違っていようものなら、こうです。

「わからないのに、なぜ聞かない！」

「勝手な判断をするな！　すぐに聞け！」

こんな理不尽な経験をしたおぼえのある人は多いでしょう。何を隠そう僕こそ、この理不尽な怒りを叩きつける上司の一人でした。

そもそも、同じことを2回聞きたい人はいません。それでも2回聞かなければならないほど大切だから、勇気を出して聞いているのです。そして、その多くがお客様に関わっています。大切だからこそ、何度も確認したいのです。

「目の前のお客様を大切にする」と決めたならば、この点も改善していかなければなりません。小さな不安や疑問は、大きな問題へと肥大していく前に解決しなければならないのです。質問すると怒られるという恐怖心は、コミュニケーションの機会をも奪います。百害あって一利なしなのです。

そこで、「2万回ルール」を設けました。

疑問に思ったときは「2万回までは同じことを聞いてもいい」というルールです。つまり、納得できるまで何度でもとことん聞いてほしいということを意味します。

仕事では、相手のニーズをつかむためによく聞き、よく理解することが必要です。わからないことをごまかさずに、聞き返せる素直さが大切です。

もし、何度も同じ質問をされるのであれば、何度も同じ質問をさせてしまう側の伝え方に問題があるのかもしれません。逆に、質問の仕方に問題があるのかもしれません。

普段の仕事を通じて、傾聴力と質問力、伝達力と説明力を磨けば、正確かつ誠意の伝わるコミュニケーションができるようになります。質問も説明も立派な仕事として、聞くほうにも、聞かれるほうにも責任があるのです。

接客では、言葉にならない不満や疑問を抱えているお客様も多くいらっしゃいます。目の前のお客様を大切にするためにも質問力を磨き、潜在的なニーズに気づけるように訓練を重ねること、そして一歩も二歩も先回りしてご要望に合う料理道具を提案することが、お客様の満足度向上につながるはずです。

よい職場環境はよい人間関係から

職場環境は大切です。働きやすい職場であるかどうかは、実質的な成果に直結します。職場環境を改善しようと、最新のＰＯＳシステムやパソコン設備を導入し、従業員休憩室を充実させました。さらに、給与制度や勤務体系の改善も行いました。

それでも、従業員の離職が止まらず、仕事上のミスは減りませんでした。なぜなら、僕は本当の意味で職場環境を大切にしてこなかったからです。

「人はいるだけで環境に影響する」――これも大久保寛司さんに教わった大切な教えです。「特に影響を与えるのがリーダーです。いるだけでまわりに悪い影響を与えるリーダーなら、いないほうがましです」

まさに僕は、いるだけでまわりの士気を下げる悪いリーダーの典型でした。いつもいらいらしているリーダーがいたら、どんなに最新のパソコンが揃っていても、どんなに使いやすい事務機器が揃っていたとしても職場環境は最悪です。

職場環境にいちばんの悪影響を与えていたのは、ほかならぬ僕の〝表情〟でした。

経営状況が改善に向かわない焦りから、いつも僕の表情は強ばり、しかめっ面をしていました。話しかけてもらいたくないし、しかめっ面で働いているほうが真剣に働いているようでカッコいいくらいに思って、率先して悪い表情で仕事をしていました。

しかし表情とは、自分のためのものではありません。まわりの人のためのものなのです。リーダーがまわりに与える影響は大きいのです。たとえば、こんなふうに。

「挨拶をしないリーダーの下では、おはようございますが言えない部下になります」
「感謝を示さないリーダーの下では、ありがとうが言えない部下になります」
「人を許さないリーダーの下では、人を許せない部下になります」
「文句や愚痴ばかり言うリーダーの下では、不平不満ばかり言う部下になります」
「過ちを認めて反省できないリーダーの下では、謝る素直さを持たない部下になります」
「お客様を大切にしないリーダーの下では、お客様をバカにする部下になります」
「挑戦しないリーダーの下では、挑戦を嫌い、指示を待つだけの部下になります」

従業員たちが働く理由は「自分と家族の幸せのため」であること、経営の目的とは従業員の幸せを実現することと理解してからは、大切なことを大切にすること、感謝の気持ちを忘れないこと、助けあいの気持ちを持つことなど、僕は多くを学びました。

働きやすい職場環境とは人の心がつくりだすものなのです。たとえば、こんなふうに。

「リーダー自らが進んで挨拶をする会社は、みんなが進んで挨拶をします」

「リーダー自らが新しいことに挑戦する会社は、みんなが新しいことに挑戦します」
「リーダー自らが過ちを認め反省できる会社は、みんなが過ちを認め反省できます」

働きやすい職場環境をつくるには、リーダーの行動がとても大切です。リーダーがニコニコと従業員たちを信じていれば、従業員も安心して自分の力を最大限発揮します。しかめっ面からは負のスパイラルしか生まれませんでしたが、ニコニコ顔からは正のスパイラルが生まれていきました。自分の力を発揮して生き生きと働く従業員の姿を見ると、僕もますます嬉しくなっていきます。

おかげさまで、僕の表情がずいぶん明るくなったと妻から言われます。

「この人と一緒に働きたい」
「この人と一緒に新しいことに挑戦したい」
「この人と一緒なら自らが成長できるかもしれない」

このように自らの可能性を感じさせてくれる職場には、自然と人が集まりはじめます。

安心できる職場環境と、信頼関係が生まれはじめると、離職者は急激に減っていきました。さらに、自分の考えを伝えてくれるようにもなっていくのです。

ボロボロの人間関係からは、よい職場環境は決して生まれません。今ではよい人間関係こそ、よい職場環境をつくる最強の道筋だと確信しています。

「マイカード」で信頼関係を育む

「飯田屋の看板社長」として世の中に広く認められれば、従業員からの厚い信頼を得られると信じていました。世間に名の知れる「あの飯田屋」で働くことができれば、従業員も誇りを持てると考えていたのです。

しかし、現実はまったく違いました。信頼を得ることも、誇りを持ってもらうこともなく、社内には不平不満だけが充満していました。今になって思えば、僕は「飯田屋のため」「従業員のため」と言いながら、自分のことしか考えていませんでした。飯田屋の看板を、たった一人で背負っているような傲慢な気持ちになっていたのです。

どうしたらいいか悩み、何か学べるものはないかと訪ねた、徳島市の西精工に大きなヒントがありました。同社は「日本でいちばん大切にしたい会社大賞」や「ホワイト企業大賞」に選ばれるなど、従業員一人ひとりを大切にする素晴らしい金属加工メーカーです。

社内には、従業員たちがお互いを信頼しあう雰囲気が満ちていました。同社の西泰宏社長が本気で社員の幸せや働きがいを大切にしている姿が会社全体、工場全体からにじみ出てくるのです。

同社では、従業員一人ひとりが自分の大切にしていることや、人生で成し遂げたいことなどを書き、それをすべての人が見られる場所に貼り出していました。だから、誰が何を大切にしているかがわかります。

人は自分を理解してくれる人、共感してくれる人に、肯定的な感情を抱きます。そこから始めて、少しずつ信頼関係を築いていけるようになります。

まずは相手をよく知る必要があることを学びました。

これまで僕は、真逆の行いをしていました。従業員の話を聞くのではなく、いかに自分が会社のために多くの時間を使い、どれだけ収益を上げてきたかなど、いつも自分の自慢話ばかりでした。どれだけ自分がすごい人間なのかを伝えれば、みんなが信頼してくれて、僕についてきてくれると本気で信じていたのです。

しかし、西社長は違いました。どれだけ相手に寄り添えるか、どれだけ相手が大切にしていることを理解できるかに力と時間を充てているのです。

「僕も一緒に働く従業員が何を大切にしているのかを知りたい」

さっそく西精工の取り組みを参考にさせていただき、自分を紹介するための自己紹介カード、通称「マイカード」を始めました。年に一度、年末年始の休暇を利用して記入してもらいます。項目は次の６つです。

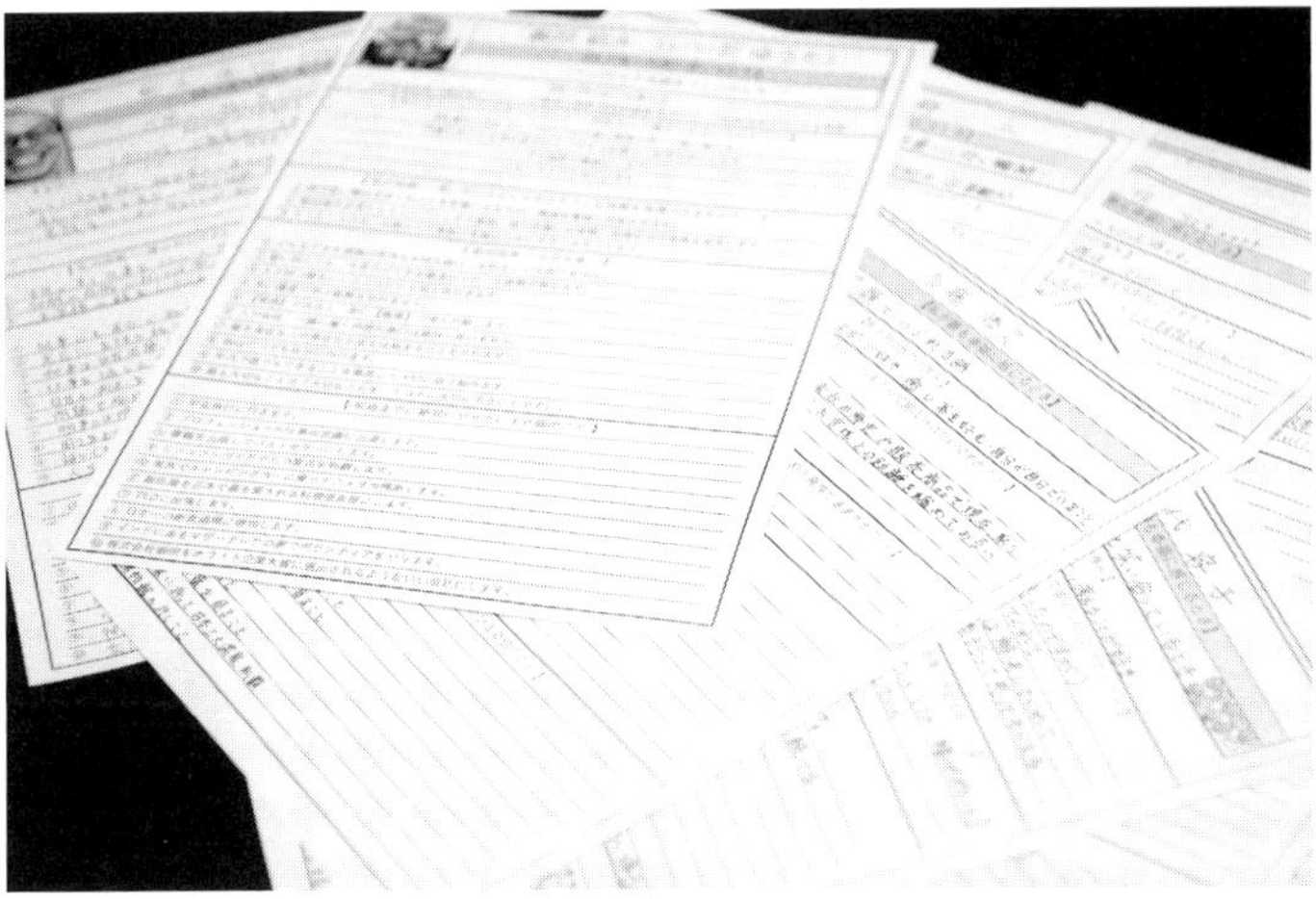

年1回従業員に記入してもらう自己紹介カード（マイカード）が社内の潤滑油

・私がもっとも幸福に感じるとき
・私が持つ5つの強み
・私のミッション・ステートメント　～何をもって覚えられたいですか？～
・私の役割　～誰に対してどんなキラキラした役割を発揮できますか？～
・私の信条　～10カ条～
・死ぬまでに絶対やりたい10個のこと

これら6項目への従業員の回答を見ると、仕事に対する考え方だけでなく、プライベートでの考え方もうかがえます。家族と過ごす時間や趣味から、会社にいるときとは違う一面がわかり、より深い人間性を知る手掛かりとなります。

たとえば、仕事中はどんなにたいへんなときにも弱音を吐かない従業員も、配偶者の前では頭が上がらない一面があるかもしれません。少し頼りなさを感じる仕事ぶりであったとしても、家庭では立派な父や母として子どもに尊敬される親であったりします。

そんな知らなかった一面を知ると、ミスを見つけたときなどにも「子どものことで心配ごとや疲れが溜まっているのかもしれない。まずは話を聞いてみよう」と、相手の立場に立って考えられる余裕が生まれました。

僕にも大切な家族がいるように、従業員たちにも大切な家族や人、大切なもの、そして叶えたい夢があります。みんなが大切にしていることを具体的に知ると、それらを丸ごと含めて大切にしたいと意識できるようになりました。

「プライベートと仕事は分けて考えるべきだ」という意見をくださる人もいます。

しかし、人はプライベートにこそ人間性が表れるものです。その人の持つ人間性を知らなければ、何を考えているのかを想像することすらできません。

人は誰しも心の中では、「もっと自分を知ってもらいたい」「もっと自分を認めてもらいたい」という承認欲求を持っています。お互いの存在をしっかりと認めあい、その人柄に愛着を持ち、もっと理解していこうと働きかければ、よりよいチームになれるはずです。

仕事とは直接的には関係のない、ちょっと手間のかかる作業ですが、マイカードはお互いを知るための潤滑油になってくれています。

第3章

過剰在庫バンザイ！

そこまで必要？　いえ、まだ足りません！

現在、飯田屋で取り扱うおろし金は230種類ほど。価格やサイズが違うもの、おろした食材の食感が違うもの、用途も大根、生姜、わさび、チーズ、ナツメグなどさまざまです。

経営コンサルタントには「過剰在庫だ！」と言われます。

常識的にはそうかもしれません。それでも、楽しそうに商品を選び、喜んでお買い上げくださるお客様の姿を見るたびに、決して間違っていないと確信するのです。

むしろ、まだまだ足りません。これだけ種類を揃えても、お客様の要求にお応えできないことは日常茶飯事です。

世の中には、まだ知らない食材も、まだ知らない調理法もたくさんあるはずです。お客様のご要望に、いつでも応えられる体制を整えていきたいと奮闘しています。

お客様のニーズが具体的な言葉になっていない場合も少なくありません。そんなときは、ニーズに合った最善の道具を導き出すための〝聴く力〟が試されます。

「どんな料理をつくる予定ですか？」

「食感の好みは、ふわふわ？　ジャキジャキ？」

「味わいの好みは、甘め？　辛め？」

「誰が、誰と、いつ、どんなシーンで使うのですか？」

お客様ご自身がまだ気づいていないニーズを、会話を重ねて一緒に見つけ出すのが飯田屋の接客です。だから、時間がかかってもかまわないのです。

お玉も過剰在庫の代表選手です。０・１㏄から２０００㏄まで、取り扱いは１０００種類以上に及びます。うち、５㏄から１００㏄までは１㏄単位で常時在庫しています。狭い店内にあるお玉コーナーには、隙間がないほどにびっしり吊り下げてあります。

「７㏄のお玉ない？」「12㏄は？」「75㏄は？」「丸い形状の……」「注ぎ口があるもの……」と、とにかく細かなご注文をいただくからです。

不思議に思ってお客様に尋ねると、チェーン店の料理人は調味料の配合をお玉で計量しながら調節することがわかりました。「必要な量をすり切れひとさじですくえるお玉があるとたいへん便利」と言うのです。

計量は料理の基本中の基本。「料理」という漢字も「理《ことわり》を料《はか》る」と書くように、料理は計量を重視しています。

飯田屋の品揃えの中でも計量道具が多いのは、この料理の基本をとりわけ大切にしたいからです。特に、お玉を使わない料理人はいません。

「すべての料理人たちが求める最高のお玉を用意したい！」

「これでいいかではなく、これが欲しかったという感動をご提供したい！」

気がつけば「過剰在庫」と言われるほどの品揃えになってしまいました。

おかげさまで、その豊富さが料理人たちの間にクチコミで広がり、海外からもご来店いただけるようになりました。近年の世界的なラーメンブームもあって、アメリカ、中国、韓国、ドイツ、オーストラリア、イタリア、スペインなど世界中のラーメン店から注文が入ります。


お客様の求めるニーズは、驚くほどさまざまです。

ですから、これだけ集めたらご満足いただけるというゴールや終着点はありません。一人ひとりのお客様に感動をご提供するためには、どれほど商品を揃えても永遠に「過剰在庫」という言葉は存在しないのです。

もっと、もっと、いい道具があるのかもしれません。貪欲に探求することはこれまでも、そしてこれからも変わらぬ飯田屋の姿勢です。

在庫回転率より在庫仰天率

効率的な経営を行うためには、在庫回転率は大切な指標かもしれません。在庫回転率が高いほどに、すぐに利益を得られて経営効率がアップするからです。

そのためには品揃えを売れ筋に絞り込み、大量仕入れによって仕入れ値を抑え、低価格で大量に販売します。広告を打ち、見やすくわかりやすい陳列によって売り込みます。大手量販店などでよく採用される経営手法です。

しかし、在庫回転率を重視した売場は、営業利益を追求する店側の都合でしかありません。そこで飯田屋では、在庫回転率を一切考えないことにしました。

だから、売れ筋を意識した大量仕入れをする必要がなくなり、その代わりに規格外なおもしろい商品を仕入れられます。仕入れられるアイテム数が圧倒的に増えるのです。

すると、あまり見たことのない商品がたくさん揃っている品揃えに、お客様はとても喜んでくださるようになりました。「こんなの見たことない！」「こんな商品があったんだ！」という喜びの声が売場から聞こえてくるのです。

数あるアイテムの中から、驚きと選ぶ楽しみを味わっていただきたいのです。じっくりと吟味して、本当に欲しかったものを見つける喜びを知ってもらいたいのです。

とはいえ、単に売場にさまざまな商品を並べるだけでは、ほとんどのお客様は「種類がありすぎて選べない」と迷われることでしょう。実は、選択肢が多すぎるとかえって選べなくなるのは商売の常識です。

そこで飯田屋では、迷われているお客様には「あなたにもっとも合う一点をご提案させてください」と寄り添います。だから、料理道具の知識と接客時間が必要なのです。

お客様は結果として、どこにでも売っている「売りやすい商品」を選ぶ場合もあります。むしろ、そのほうが多いのも事実です。

それでも、少ない選択肢から「これでいいか……」と選んだものと、選びきれないほどの選択肢から「あなたにはこれがいちばん」と選ばれたものでは、満足度は雲泥の差です。

現在、飯田屋の在庫回転率は、業界水準の3分の1程度しかありません。正直、どう考えても非効率的です。しかし、だからこそ生み出せる感動があると信じています。

ある日、超高温に耐えられる五本指のオーブンミトンを探しにご来店くださった女性がいました。地元の店では見つからず、飯田屋まで足を運んでくださったとのこと。

その方の腕には、大きなやけどの痕がケロイド状に広がっていました。仕事で扱う高熱のオーブンに、手首までの短いミトンからのぞく腕が繰り返し当たってできてしまったそうです。そのため、耐熱性が高いだけでなく、腕まですっぽりと隠れ、しかも指が動かしやすい五本指型の長いミトンを探していらっしゃいました。

幸いにも、ご希望に合うミトンが飯田屋にありました。とても珍しい商品で、大手の量販店にはまずないと断言できる商品です。

そのお客様は僕にこう言ってくれました。

「病院はやけどの治療をしてくれたけど、飯田屋さんはやけどを未然に防いでくれました。だから、病院以上の喜びを感じています。ありがとうございます！」

とても嬉しい言葉でした。

ご購入いただいたミトンは５０００円もする高価なものです。在庫回転率に囚われていたら、きっと仕入れられなかったでしょう。今では、耐熱性がさらに高いミトンを何種類も増やし、さらに売場を進化させていることは言うまでもありません。

在庫回転率だけで評価したら、最悪の売場です。でも、それでいいのです。「こんなものまである！」と仰天するお客様の顔、その後の笑顔が見たいのだから仕方ありません。

人のため、世のため

「世のため、人のため」とよく言われますが、すごく違和感をおぼえる言葉です。正しくは「人のため、世のため」なのではないでしょうか。まず、身近な人のために手を尽くしたことが徐々に広がり、結果的に世のためになると思うからです。

たとえば、230種類揃えたおろし金。それ自体が欲しい人は、実はいません。大根おろしをおいしそうに食べる人の笑顔を見るために、おろし金が欲しい人がいるだけです。世のためにおろし金を買う人なんていません。僕たちの在庫も、世のために用意することはありません。目の前にいる人たちに心から喜んでもらうために、過剰と言われるほど在庫を用意しているだけなのです。

仕入れの際も、買ってくださるお客様の顔が浮かばない商品は仕入れないようにしています。必ず失敗するからです。

すべては誰かのためにあります。人のために真剣に取り組んでいると、自然と世のためにつながっていくと確信しています。この順番を守り、飯田屋は人のために行動する組織であり続けたいと思います。

この順番について考えたこともなかったころ、大きな失敗をしました。あるとき、一人の従業員が離婚したのです。

当時の僕は、売上を伸ばすことに躍起になっていました。飯田屋の知名度も少しずつ上がり、何より業界が盛り上がりを見せていたので、このチャンスを逃すまいと必死でした。これまで知られていなかった道具やメーカーが注目され、それを使うお客様もみんなが幸せになっているように見えました。「世のため、人のために、今が頑張りどきだ」と考えていたのです。

そのため、従業員の家庭の事情を顧みずに、次々と無理な仕事を頼んでいました。残業もたくさんさせ、子育てに参加する時間すら与えていませんでした。

それを「世のためだから」と自分に言い聞かせ、目の前で苦しんでいる従業員を見て見ぬふりをしてきました。「世のために苦しむのは当然」とすら考えていたのです。

もしも、その従業員の幸せをいちばんに考えていたら、無理な残業をさせなかったでしょう。「人のため、世のため」の順番を間違わなければ、従業員の悩みに気づけたかもしれません。

しかし、「世のため、人のため」を信じていた僕は、身近な人の痛みに気づけませんでした。子どもを持つ一人の親として、たいへんな過ちをしてしまったと後悔しました。

「本当に、大切にしたいことは何だろう？」

これまでに考えもしなかった、大きな課題となりました。業界全体が盛り上がっても、身近な人が不幸になることは望んでいません。

「世のため、人のため、業界のため、地域のために」と大きな旗を振りかざしても、振り返ると誰もいませんでした。ところが、「〇〇さんのために、やってみよう」と身近な人を大切にすると、従業員や家族、お客様、取引先、地域の方々からもニコニコとした笑顔があふれはじめました。

身近な人のために働きかけてこそ、笑顔の輪は広がるのです。絶対に順番を間違えてはならないと決意して、「人のため、世のため」を飯田屋の基本的な考えとしました。

たった一人のために仕入れる

売れ筋を意識した仕入れをすれば、どこにでもある品揃えの店になります。それがかつての飯田屋でした。

売れ筋を仕入れ、在庫回転率を高めることは大切かもしれません。しかし、それは資金力のある大手企業の戦略です。同じ戦いに挑んでは、飯田屋のような小さな店はあっという間に埋もれてしまいます。わざわざ飯田屋に出向く理由がないからです。

僕たちのような小さな会社が生き残る一つの道、それは大手企業が見向きもしない〝売れな筋〟の魅力を伝えることです。

売れ筋にはわかりやすい魅力があります。そのわかりやすさが万人を惹きつけます。では、売れな筋には魅力がないのでしょうか？　いえ、そんなことはありません。その魅力が少し伝わりにくいだけです。

たとえば、職人が細部まで手をかけた商品は、使ってこそ魅力がわかるものも少なくありません。置いておくだけで勝手に売れる商品ではないため、接客を通して魅力を伝えなければなりません。

それでは時間も手間もかかるため、大手企業では取り扱いたがりません。また、生産量が少ないものも大手チェーンでは展開しにくく仕入れたがりません。

そこに、中小零細企業のチャンスがあるのです。

僕たちのような小さな店の強みは、大手と比べて圧倒的に少ない固定費にあります。だから販売効率に囚われず、お客様とじっくりお話しできます。一人ひとりのお客様にかけられる時間が物理的に長くなります。

もし、僕たちが大手企業と同じような売れ筋しか仕入れなければ、小さくて狭くてアクセスが悪い飯田屋に、お客様がわざわざ来店する理由はなくなります。そこで取り組んだのが、売れな筋を日本でいちばんわかりやすく説明することでした。

さまざまな料理道具を実際に使ってきて、確信したことがあります。「万人に合う道具がないように、すべての人に使いにくい道具もない」という当たり前なことです。

万人が使いやすいよう平均的につくられた道具ではなく、限られた人だけが大満足するような道具が売れな筋にはたくさんあります。そして、多くの人が気づいていないだけで、ものすごい能力を秘めた道具も売れな筋の中にたくさん眠っていたのです。

飯田屋にとって売れな筋は、大手との差別化のための最終兵器というだけでなく、今では運命共同体のような存在です。

もし、僕たちが売れな筋を発掘しなければ、それをつくる職人さんたちはやがていなくなってしまいます。すると何が起こるでしょうか。

売れ筋で大手企業との戦いに挑むしかなくなり、結果的に自分たちの首を絞める結果につながります。飯田屋にとって売れな筋の仕入れは、継続的なものづくりを実現してもらうための投資でもあるのです。

それゆえ僕たちには、売れな筋の中から魅力ある逸品を見つけ出す力が問われています。それは、10万人中たった1人でも歓喜の声を上げるほどの魅力ある商品を見極める力です。

この10万人というのは、飯田屋の年間来店客数です。つまり、1年間にたった1個でも売れるなら、その商品を仕入れるのが品揃えの方針です。

初めは10万人に1人の熱狂から始まった商品でも、時間をかけてしっかり魅力を発信していけば、作り手の思いのこもった商品は必ず世に広まっていきます。大手企業のバイヤーが「なぜ今まで気づかなかったのか」と恥じ入るくらい有名になり、彼らの売場に並んでいく商品を今までにいくつも見てきました。

そんなときは、「最初に目をつけたのは僕なんだぜ」とおもしろくて仕方がありません。

売れな筋を中心に取り扱い続けた結果、大手企業には仕入れてもらえない尖った特長を持った数々の道具と、その作り手たちが飯田屋に集まってくるようになりました。

すると、ご来店くださるお客様にも変化が見えはじめたのです。

値切られることがなくなりました。1円でも安くお値打ち品を探す方は減り、飯田屋でしか手に入らない売れな筋をわざわざ探しにくる方が増えはじめたのです。

そこで、値切り交渉を一切お断りする決断をしました。声を上げた人だけが得をする商売はフェアではないと感じたからです。それに、魅力的な売れな筋をつくり続けてくださる、ひたむきな職人さんたちを思うと、値切りに応じる気持ちになれません。

大口顧客や一見さん、友人、親戚、誰であろうと値切りには応じません。それにより二度と来てくださらなくなったお客様もいます。とても残念ですが、仕方がありません。

もちろん、かっぱ橋道具街には値切りというコミュニケーションを楽しめる店も多くあ

郵 便 は が き

おそれいりますが
63円切手を
お貼りください。

1028641

東京都千代田区平河町2-16-1
平河町森タワー13階

プレジデント社

書籍編集部 行

フリガナ		生年（西暦） 年	
氏　　名		男 ・ 女	歳
住　　所	〒 TEL　　　（　　　）		
メールアドレス			
職業または学校名			

ご記入いただいた個人情報につきましては、アンケート集計、事務連絡や弊社サービスに関するお知らせに利用させていただきます。法令に基づく場合を除き、ご本人の同意を得ることなく他に利用または提供することはありません。個人情報の開示・訂正・削除等についてはお客様相談窓口までお問い合わせください。以上にご同意の上、ご送付ください。
<お客様相談窓口>経営企画本部 TEL03-3237-3731
株式会社プレジデント社　個人情報保護管理者　経営企画本部長

この度はご購読ありがとうございます。アンケートにご協力ください。

本のタイトル

●ご購入のきっかけは何ですか?(○をお付けください。複数回答可)

1 タイトル　2 著者　3 内容・テーマ　4 帯のコピー
5 デザイン　6 人の勧め　7 インターネット
8 新聞・雑誌の広告（紙・誌名　　　　）
9 新聞・雑誌の書評や記事（紙・誌名　　　　）
10 その他(　　　　)

●本書を購入した書店をお教えください。

書店名／　　　　（所在地　　　　）

●本書のご感想やご意見をお聞かせください。

●最近面白かった本、あるいは座右の一冊があればお教えください。

●今後お読みになりたいテーマや著者など、自由にお書きください。

どうもありがとうございました。

過剰在庫の代表選手、お玉

ります。お客様には、それぞれのお考えに合う店を選んでいただければいいのです。

　飯田屋は、料理道具を使い比べて得た「知識」と、お客様一人ひとりの要望に応えられる過剰な「品揃え」と、大手企業では取り扱わない「売れな筋」のラインナップにより、日本どころか世界中を探しても見つけられないユニークな店を目指します。

「ヒントノート」は最強の仕入れツール

「18ccが量れるお玉はありますか?」
「左利き用のキッチンバサミはありますか?」
「絶対に垂れない醤油差しはありますか?」
日々、たくさんのお問い合わせをいただきます。もちろん、どんな商品でもあるというわけではなく、在庫がないものはお取り寄せなどの対応をしています。

飯田屋には、お問い合わせをいただきながら在庫がない商品を「ヒントノート」に書き込むルールがあります。20年以上も前に母が始めた仕組みで、お客様との会話の中から得た情報や問い合わせなどを書き留めたノートです。

売れな筋を仕入れようと決めると、このヒントノートがとても役立ちました。なぜならそこに書かれているものは、間違いなく誰かが必要としていて、「買いたい」と思う人の顔が見える商品だからです。

ヒントノートの精度を上げるため、料理道具に関するお問い合わせだけを書くように徹底し、2度書かれた商品は仕入れるルールにしました。ときには「本当に欲しい人がいるの？」と思うようなものが書かれることもあります。

しかし、それで売れ残った商品はなく、消化率は驚異の１００％！　仕入れ担当者が吟味した商品よりも、ヒントノートで仕入れたもののほうが圧倒的に売れるのです。

ヒントノートによって、圧倒的なアイテム数を仕入れたカテゴリーの一つがフライパンです。今では「飯田屋といえばフライパン」と言われるほど代表的な商品となりました。「手入れが簡単なもの」「軽くて持ちやすいもの」「収納場所をとらないもの」など主婦の目線からの要望に加え、「耐久性に優れたもの」「オーブンに対応できるもの」「肉をうまく焼けるもの」などプロの目線からの要望まで、問い合わせの多いアイテムでした。ヒントノートに書かれるたび、要望を叶える商品はないかと探しては仕入れました。

すると、僕たちの知識レベルも向上していることに気づきました。ヒントノートは優れたバイヤーであると同時に、最高の学びの機会を与えてくれる先生なのです。

今では、ヒントノートは仕入れに欠かせないものとなっています。

世の優秀なバイヤーたちからは、「お客様の声を鵜呑《うの》みにするのは危険だ」「飯田屋さんの仕入れは挑戦的だ」と言われます。たしかに売れ筋を狙うための仕入れならば、この方法は危険かもしれません。

でも、僕たちは違います。10万人のうち1人でも歓喜してくれる商品を仕入れられればいいのです。1人のお客様のニーズは、必ずほかのお客様のニーズにもつながります。

また、ヒントノートに書かれるニーズは明確な理由を含んでいるため、売れる理由がわかりやすいのも特長です。「重さが軽いフライパン」とヒントノートにあれば、「重さが軽い包丁はないだろうか」「軽い力でつかめるトングはないか」と、ほかのカテゴリーにもそのヒントを応用できます。

つまり、飯田屋は挑戦的な仕入れをしているように見えて、ニーズが明確な商品をヒントノートから読み解いているだけなのです。ヒントノートを基に仕入れて、売れ残った商品は一つもありません。

だからこそ、「お客様の声を聞くことがいかに大切か」は、いつも飯田屋のみんなで共有しているテーマなのです。

売れない商品は宝物

一般的には「売れない（と言われる）商品」が、飯田屋では仕入れが追いつかないほど売れるスター商品に育つことがよくあります。

そもそも、飯田屋のように売れな筋を取り扱う店は多くありませんから、それがスター商品になったら、そこには価格競争とは無縁のブルーオーシャンが広がっています。

「そんな夢のような話、一生に一度あるかないか……」

そう思われがちですが、ありがたいことに飯田屋では、毎月のようにスター商品が生まれています。それは、超小規模店でありながらロングテール販売を貫いているからです。

飯田屋では、33坪の小さな売場で約８５００品目もの商品を取り扱っているので、お客様は自分に合うものかどうかを簡単に見比べられます。ネットショッピングと違い、手に触れながら大きさや重さが確認できることは実店舗の大きな強みです。とはいえ、道具は使わなければ、本当のよさを知ることはできません。そこで僕たちは、仕入れた商品は片っ端から試します。

スタッフルームのテーブルには、いつもピーラーやフライパンなどたくさんの道具が並んでいます。ピーラーは200種類以上を試しました。ここまで道具を使い比べるのは、飯田屋の従業員たちくらいではないでしょうか。

なぜそこまでするのかというと、使い比べるほどにそれぞれの特長が詳細にわかるようになるからです。見た目には特長のない地味な道具が、とんでもない性能を持っていたりします。スター商品の原石を発見する瞬間です。貝印の「SELECT100 T型ピーラー」もそうでした。100円ショップで売っていそうなシンプルな見た目なのに、価格は1320円。当初はあまり売れない商品でした。

しかし、試してみると「これはすごい！」と、思わず声を上げてしまったのです。人参やじゃがいも、大根の皮がむけるのは当然で、プロの料理人でも面倒なカボチャの硬い皮でもするするむける逸品だったのです。

感動して「かたいカボチャの皮もむけちゃう最強ピーラー」とPOPを付けて販売すると、あっという間に評判が広まり、年間1万本も売れるスター商品へと成長しました。

また、飯田屋にはさまざまなニーズを持ったお客様がいらっしゃいます。

たとえば、初めて包丁を握る子どものための「切れの悪い包丁」や、豆つかみゲームのための「つかみにくい箸」など、多くの店が取り扱わない売れな筋が求められ、飯田屋はそうしたニーズにお応えしています。だから「えっ！　本当にあるの!?」と驚き、一瞬

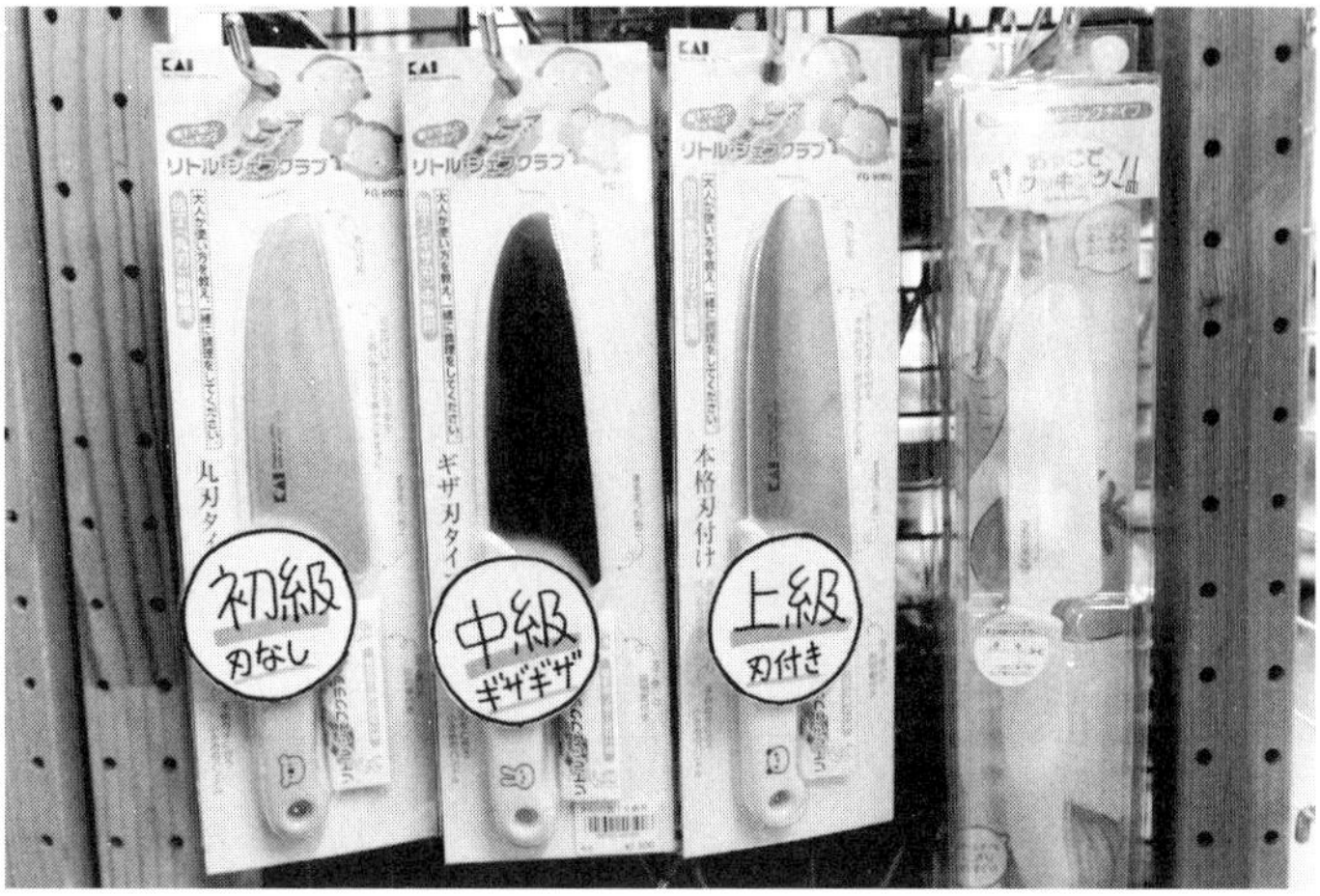

「切れの悪い」子ども向け包丁

で飯田屋のファンになってくれます。

　その瞬間が本当に嬉しいのです。しかも、そこには他店との競争はありません。

　こうした売れな筋は、少し見方を変えるだけでキラキラと輝きはじめます。「切れの悪い包丁」は、子ども向けコーナーを設けてPOPを付けて売り出すと、スター商品に生まれ変わりました。今では日本中の「切れの悪い包丁」を何種類も集め、初めての子ども用包丁として販売しています。

　このように、飯田屋には「売れない（と言われる）商品」がたくさんあります。それが「飯田屋に行けば、あるかもしれない！」と、足を運ぶ目的を生み出します。売れな筋は広告の役割も務めてくれる、飯田屋にとって宝物のような存在なのです。

そもそも「売れない商品」は本当にあるのか？

そもそも「売れない商品」とは、本当にあるのでしょうか。

商品が売れずに廃業寸前まで追い込まれた経験からいうと、「ない」というのが僕の結論です。「売れない商品」なのではなく、「売れない売場」があるだけです。

飯田屋でスター商品として活躍してくれながら、一般的には売れないために、残念ながら廃番になってしまう商品があります。

廃番が決まるたびに、手足をもがれるような思いがします。おそらく飯田屋は、この業界でもっとも未来の廃番商品を抱えている店でしょう。

なぜ、こんな悲劇が起こるのでしょうか。飯田屋の買い支える力が及ばないことを悔しく思いますが、生意気を言えば、商品のよさを伝える努力を怠っている店が多いことも原因です。

「売りやすい商品」は、置いておくだけで勝手に売れていきます。商品説明する手間も人件費もかかりません。商売するには好都合で、誰でも取り扱いたくなります。もちろん、飯田屋もその恩恵に与《あずか》っています。

今や一番人気の「楽楽おろしてみま専科 極み」

一方で、説明をしなければ魅力が伝わりにくい商品は「売れない商品」として扱われがちです。しかし、その中にこそ宝が眠っています。

飯田屋でもっとも売れているおろし金は、新潟県三条市にあるアーネストの「楽楽おろしてみま専科 極み」です。メーカーからは、販売不振で廃番の宣告を受けていた商品です。

5500円と高価で、サイズが大きいことから簡単には売れない商品でした。しかし、おろし金を使い比べてみたところ、ほかとはレベルが違うくらいふわふわで軟らかな食感になることがわかりました。

前述したとおり、一人目の神様が僕に授け

てくれた逸品です。

その経験から、「この食感を求めている方にしっかりと伝われば、高くても売れるはずだ」という確信がありました。そこで、「生まれ変わっても、もう一回使いたい！」とPOPを付け、「おろし金界のベンツ」と名づけてアピール。もちろん接客でも食感の特長や、使用方法などをきちんとお伝えするようにしました。

すると、購入したお客様の感動の声がクチコミでみるみる広がっていきました。その結果、飯田屋だけでなく全国で売れはじめ、ネット通販でも手に入らないほどの評判となったのです。廃番の危機を乗り越え、スター商品にまで成長したのでした。

さらに、今では進化系商品も販売しています。飯田屋に集まったお客様の声を基に、もう一回り小さいサイズをつくっていただいたのです。「ふわっとおろしてみま専科」という商品で、さらに多くのお客様に愛される商品に育ちました。

このように、世の中にはいい商品にもかかわらず、魅力が伝わらず廃番になってしまうものがたくさんあります。飯田屋では、そんな売れな筋の魅力もしっかりと伝え、出会うべきお客様と道具をつなげたいのです。

料理道具は自らがよさをアピールすることはできません。言葉を持たない道具に代わって魅力を伝えるのが僕たちの仕事なのです。

値切って当然のまちで正札販売を貫く

飯田屋では、棚に付いた価格以外で販売しません。

「かっぱ橋に店があるのに、なぜ値下げしないのか」と、お客様からクレームをいただくこともありました。それでも、安易な安売りにはまったく興味はありません。

今ではそう言える僕も、売上が思うように上がらないときは、こっそり値下げをすべきかと何度も悩みました。それでも、「一度でも値下げに手を出してしまえばやめられなくなる」と昔の失敗を思い出し、やせ我慢をしてきました。

値下げは麻薬のようなものです。

このころはまだ、飯田屋として進むべき方向性がしっかり共有できずにいました。

ある社員は、飯田屋を「問屋」と捉え、プロの料理人たちへの卸販売価格と一般のお客様への小売価格の二つを設定すべきと主張しました。「プロには安く販売すべき」という意見は、問屋街で長年戦い抜いてきた経験ゆえのもっともなものです。

別の社員は「ディスカウントストア」と捉え、値引き交渉に応じて価格を変動させるべきと主張しました。「とにかく1円でも安く販売しよう」という考えです。

そして僕はというと、飯田屋を「専門店」と捉え、お客様によって価格を変えずに店頭価格だけで勝負する「正札販売」を貫くという考えでした。

どこよりも安い店を目指していたころ、あるメーカーから言われたことがあります。

「価格を下げられてしまうと、商品の価値も下がってしまう。メーカー希望小売価格を守ってもらうわけにはいかないだろうか？」

初めは、その真意を僕は理解できませんでした。

しかし、安売りによって商品が廃番になり、世の中から次々と消えていくのを目の当たりにしました。商品が安いほどに「失敗しても、また買えばいい」と安易に購入してしまい、お客様と道具の不幸な出合いが生まれていたのです。

安売りとは、店の商品説明を必要とせず、短時間で効率的に売るための手段です。その代償として、安売りされた商品の価値をあっという間に下げてしまいます。

「メーカー希望小売価格を守ってほしい」と意見をしたメーカーは、商品を少しずつでも着実に育てていきたいと願っています。僕もそんなふうに商品を育てられる小売店になりたいと思います。

そもそもメーカー希望小売価格とは、作り手が「これだけの価値がある」と考えて決め

素早い動きでお客様を魅了する渡部純

た価格です。極論ですが、もし納得できない価格であれば仕入れなければいいのです。

それにもかかわらず、目の前の売上欲しさに価格を下げるのは、小売店の都合でしかありません。メーカーが小売店に頭を下げなければいけないこと自体がおかしいのです。

飯田屋では、メーカー側に希望販売価格がある場合、基本的にその価格以外で販売しません。実は飯田屋の店頭価格は、飯田屋だけですべて決めているわけではなく、メーカーの意向を最初に取り入れます。どうしてもこの価格で売ってほしいという意思がある場合は必ず遵守します。

商売とは、たった1回の取引で終わらせるものではありません。繰り返してご利用いただくことが繁盛の基本中の基本です。

だから、メーカーとも、お客様とも、戦ってはなりません。作り手の意向を尊重し、お客様にはその価値を納得してもらい、喜んで買っていただく姿が理想です。

そうした理想のために、僕たちは商品の魅力を伝える力を日々磨きます。そして、世の中に知られていない商品ではあっても、売れるまでに手間がかかる商品だとしても、よい商品ならば積極的に売場に置くのです。

かっぱ橋道具街でも、飯田屋にしか置かれていない料理道具が多いことにお気づきですか。それは作り手側も、メーカーの商品価値を一緒に守っていこうという飯田屋の姿勢に共感してくれているからだと思います。

むやみに価格を崩さなければ、メーカーにはきちんとした利益がもたらされます。すると、もっといいものをつくれるようになります。

お客様も飯田屋に来れば、作り手が挑戦的につくった他店にはない料理道具を手に入れられます。僕たちが伝える力をつければ、作り手だけでなくお客様にももっと喜んでもらえるのです。

「飯田屋さんは、値下げをしない理由をしっかりと持っているよね。だから信用できるんだ」と、声をかけてくださるお客様の存在が僕たちの誇りです。

マイノリティも歓喜する売場を目指す

一般に販売されている料理道具に、不便を感じる人たちが一定数います。たとえば、左利きの人たちです。そうした「マイノリティ」と言われる人たちが、思わず笑顔になる売場づくりを目指しています。

料理道具のほとんどは、実は右利き用につくられています。飯田屋には「左利き専用コーナー」があり、キッチンバサミやフライ返し、包丁など品揃えを増やしています。お玉は、右利き用のものと注ぎ口が反対になっているだけのシンプルな構造です。それでも他店であまり売られていないので、お客様は嬉しそうな笑顔を見せてくださいます。

また、どの料理道具でもプラスチックやセラミックといった非金属製の取り扱いが多いのも飯田屋の特長です。以前、ニッケルアレルギーのお子さんを持つ二人目の神様にご来店いただいたとき、知識のなさゆえ何もご提案できませんでした。その経験から、可能な限り非金属製のものも用意しておきたいと考えたのです。

同業者からは「プラスチックは壊れやすく、プロの料理人が買いに来る店にはふさわしくない」とご意見をいただくことがあります。

しかし、飯田屋は料理をするすべての人のための料理道具店です。プロの料理人でも、ご家庭の主婦でも旦那さんでも、子どもでも、右利きでも、左利きでも、どんなアレルギーがあっても関係ありません。

料理する人はみんな料理人です。だから仕入れるのです。

現在、飯田屋では障がい者向けのコーナーをつくっているところです。

調べてみたところ、昔は百貨店などに障がい者向けの料理道具の売場があったそうです。しかし現在は、あまりにも在庫回転率が低いためか、ほぼなくなってしまいました。

百貨店の場合、一等地にあり賃料が高く、必然的に在庫回転率を高めなければならないなど、さまざまな理由があってのことでしょう。どこも経営が厳しいのが実情です。

それならば、微力ながらも飯田屋がつくります。そこにはこんないきさつがありました。

ある展示会に参加したとき、たくさんの人でにぎわう会場の片隅にある小さなブースに、ぽつんと男性が座っていました。誰も足を止めることなく、一様に通り過ぎていきます。

あまりにも寂しく見えて、つい声をかけてみました。その方は障がい者向けの料理道具

「マイノリティ」の方々も笑顔になれる売場づくりがモットー

をつくっている職人でした。

「これ、まったく売れないんですよね……」と悲しそうな声でおっしゃいました。

「なぜ、売れないんですか？」と聞くと、

「売ってくれる売場がないんです」とはっきりと言いました。

　昔は料理ができたのに病によって手の握力が落ちてしまった人、半身不随になってそれまで使っていた料理道具が使えなくなってしまった人など、一般に流通する道具では調理ができなくなった人たちのために道具をつくっているというのでした。

　たしかに、障がい者向けの料理道具では大きな売上になりません。それに、使用方法もそれぞれに説明が必要となります。手間のかかるわりに売上は少なく、ほとんどの店で在庫を持って販売しない理由は痛いほどわかります。

しかし、必要としている人が存在するのは間違いありません。もし、この道具が売れなければ、道具は世の中から消えていきます。

障がい者向けの料理道具をインターネットで調べてみると、片手が不自由な方のためのまな板、手首に負担をかけない包丁、握らなくても使えるピーラーなど、さまざまな種類がありました。それらはネットショップで購入できます。

しかし、実店舗で実物に触れながら選びたいお客様は間違いなくいらっしゃいます。障がいのない人が当たり前にできることが、扱う店がないためにできない人がいるのです。どんなマイノリティなお客様でも足を運びたくなるような、料理がしたいという人にいつも寄り添える店でありたいと思うのです。

「百貨店が逃げ出したほど、売れにくい売場をつくろうと思う」

こんな僕の大それた思いを、従業員たちは「社長、それは絶対にやるべきです！」と応援してくれています。本当に感謝しかありません。

オリジナルフライパン「エバーグリル」開発秘話

立ちはだかる「業界常識」という壁

次世代に受け継げるような耐久性のあるフライパンをつくりたいと思ったのは、お客様の声がきっかけでした。親が使っていた包丁を刃が削れて小さくなるまで使っているという話を耳にしたことはありますが、ほかの料理道具で世代を超えて受け継ぎ使い続けていると聞く道具はあまりありませんでした。鍋を受け継いだという人の話をまれに耳にしましたが、フライパンでは一度もありません。

僕は母から受け継いだ鉄製のフライパンを大切に使っていますが、長年使っているうちに熱変形して底面が湾曲してしまいました。鉄は意外と軟らかく、何度も叩いて焼き締めて硬くします。この作業が不完全だと、熱むらが生じて変形しやすくなってしまうのです。それでも鉄製のフライパンは耐久性に優れており、飯田屋で扱うたくさんの種類の中でも、受け継げるものとしてご紹介しています。

しかし、鉄製のフライパンの弱点は、重くて錆びやすく、油をしっかり馴染ませないと焦げつきやすく、手入れが面倒な点です。そのため、いいものだとはわかっていながらも、いざ購入するとなると手が伸びなくなってしまう方も少なくありません。

また、長年使い続けるためには「一体成型」といって、柄と本体が一体となった形状も大切な要素です。フライパンを買い替えるタイミングのほとんどが、柄がガタついてしまったときか、使いすぎて穴が開いてしまったときなのです。

「錆びない」「変形しない」「焦げつかない」「受け継げる」という四つの要素を兼ね備えたフライパンが、ありそうで見つからないのです。

それならば「理想のフライパンをつくればいい!」と考えました。

素材は「錆びない」ステンレスで、厚みは「変形しない」ためにも、3㎜は欲しいところです。そして、壊れにくい一体成型で「受け継げる」ものにしようと考えました。

さっそく協力してくれるメーカーを探そうと何社かに問い合わせてみましたが、断られるばかりで、普段からお付き合いのあるフライパンメーカーからもいい返事はもらえません。そもそもフライパンには、「受け継ぐ」という概念があまりないようでした。むしろ、壊れない道具をつくることは業界のタブーだったのです。

たとえば、一般家庭で主流となっているフライパンは表面コーティングをしたもので、耐久年数はどんなに高価なものでも1～3年ほど。一定期間で買い換えてもらうのが業界常識です。

業界でいいとされるフライパンの基準は「軽い」「熱伝導が速い（厚みが薄い）」「扱いやすい」、そして「安い」ものです。なぜなら、これらが揃っていると「誰にでも売りやすく、一定期間で買い替えてもらいやすい」からです。

さらに調べていくと、肉をはじめとする食材をおいしく焼けるのは熱伝導が速いものではなく、ゆっくりのものだとわかりました。世間で熱伝導が遅いと評価されている金属ほど、焼き料理も炒める料理も旨味を引き出しておいしく料理できるのです。

熱伝導が遅い金属といえば鉄やステンレス。ところが、業務でもご家庭でも一般的に使われているフライパンの多くはアルミ製。僕がつくろうとしているのは、業界の常識とは真逆のものでした。

「そんなものをつくったら、買い替え需要がなくなる」「それで、何万枚発注してくれるの？」と、どこのメーカーからも冷笑されました。

本物を目指した作り手の情熱

笑われても僕は諦めきれません。

新潟や大阪など金属加工で有名な産地へ問い合わせを続けていたある日、JETRO（日本貿易振興機構）からフッ素加工フライパンの海外輸出について、販売者の専門家として呼び出しを受けました。そこには、僕のほかに2社のメーカーが同席しており、そのうち1社が世界で初めて200VのIHクッキングヒーター用の鍋を開発した新潟県燕市のフジノスでした。

会議終了後、フジノスの出席者で、営業の丸山俊輔さんに駄目を承知で自分のアイデアをぶつけてみました。すると「おもしろいですね！　ちょっとやってみましょうか？」と、まさかのお返事をいただけたのです。

丸山さんがこの案件を社内で相談したところ、「そんな儲からない商売はできない。やるなら一人でやれ！」と猛反対にあったそうです。しかし「どんなに小さな商いでも、当社の技術が役に立つはず」と考えた丸山さんは、技術者の佐藤友昭さんに相談をしました。

穏やかな丸山さんとは対照的に、いかにも職人という雰囲気の佐藤さんは、前例に囚われない独特な商品をつくる社内でも超異端児的な存在でした。佐藤さんも「おもしろいんじゃない。やってみようか」と、二つ返事で引き受けてくれたのです。

しかし、会社から公式に認められていない状況に変わりはありません。最初のプロトタイプは、会社に迷惑をかけないよう通常業務後に試作づくりに取り組んでくれたそうです。

試作品をつくる際は、金型にかかる経費の相談から始まるのが一般的です。その費用は何百万円、ときに何千万円と高額で、断念せざるを得ない場合がほとんどです。今までに断られたメーカーでも、この高額すぎる金型費用ゆえに断念したケースが多々ありました。

しかし、丸山さんも佐藤さんも「いいものをつくるには、手間がかかるのは当たり前。手間をかけて本当にいいものをつくろう」と、金型をつくらずに一つずつ手作業で何度も試作品をつくり直してくれたのです。その気骨ある姿には胸が熱くなりました。

ステンレス製のフライパンには食材がこびりつきやすいという難点があります。

「もっとこびりつかない方法はないか」「もっと使いやすくなるアイデアはないか」と打ち合わせは繰り返されるも、ゴールは見えません。何をやっても、フライパンには食材がべったりこびりつき、洗うのも一苦労です。

試作を繰り返してようやく、切り出した1枚のステンレス板にヤスリで細かな凹凸をつけると、食材がフライパンにくっつきにくくなることを発見しました。

「凹凸は大きいほうがいいのではないか？」

「いや、もっと小さいほうがこびりつかないのではないか？」

「駄目だ！　次はもっともっと小さく……」

試作ではこびりつきを確認しつつ、何度も形状の変更を行いました。

諦めかけていたころ、丸山さんから連絡が入りました。

「見せたいフライパンがある」

あるとき佐藤さんは、放射状に膨大な極細目打ちを施すという世界でも例のない表面加工を思いつき、試しにやってみたそうです。すると、これが奇蹟を生みます。

あれだけ表面にこびりついていたステーキ肉が、油を一滴も使わずとも一切くっつかずに焼けるフライパンが生まれたのです。数千発も機械で叩き上げることで金属が締まり、耐久性が一段と向上するという、「受け継ぐ」には最高の副産物までもたらしたのです。

最高の機能を持ったフライパンは、まるでアート作品のような美しいデザイン性と実用性を兼ね備えた最高の逸品となりました。構想から5年、着手から3年経った2017年、やっと飯田屋オリジナル「エバーグリル」が完成したのです。

価格は2万7500円。「重い」「値が張る」「用途が限られる」という三重苦を背負いながらも、「錆びない」「変形しない」「焦げつかない」「受け継げる」特性を実現し、300年でも使えるほどの耐久性を兼ね備えました。しかも、もっともゆっくりと熱を肉に伝えられるので肉が縮まずに肉汁を閉じ込めて、ふっくらとジューシーにステーキを焼き上げることができます。

佐藤さんが一日がかりでやっと数本しかつくれないエバーグリルは、手作業ゆえ一つひとつが異なる表情を持っており、同じフライパンは世の中に二つとしてありません。一つずつ見比べながら、お気に入りの1本を探す楽しみも加えることができました。

「社内には理解してくれる仲間がいなかった」と、二人は開発を振り返って笑います。どれだけ孤独に耐えながら取り組んでくれたのかと、胸が熱くなりました。

「エバーグリルは必ず評判になる。間違いなく多くの人を幸せにする道具になる！」

僕は確信していました。

それが、まったく日の目を見ない日々が続くなど、このときは知る由もなかったのです。

「勇気ある経営大賞」への挑戦

これまでの業界常識を覆すフライパン「エバーグリル」がついに完成。メディアにリリースをすれば、絶対に評判になるはずと僕は意気込んでいました。

しかし、2017年11月19日（いいどうぐの日）の発売から1年間、まったく売れませんでした。そこには、こんな誤解が関係していました。

料理をおいしく仕上げる要件の一つに火加減があります。肉や魚料理の失敗の多くは、強すぎる火加減が原因です。たんぱく質は急速に熱を加えると、水分が一気に抜け出てしまい、身が収縮して硬くなってしまうのです。素材の旨味を閉じ込めるためには、弱火でじっくりと時間をかけて焼くことがポイントです。

しかし世間では、短時間で強火でサッと焼くのが常識になっています。真逆なのです。業界もそれを否定しません。むしろ、業界が売りたい商品を継続的に売るためには、そう信じてもらったほうが好都合です。

僕たちはしばしば間違った常識を信じています。それをひっくり返すには、ものすごいエネルギーが必要なのです。

これまで好意的だったメディアが突然、手のひらを返しました。知り合いのテレビプロデューサーに企画を持ち込んでも、「スポンサーが……」と取り上げてもらえないのです。少量生産しかできないので、問屋や商社にも卸せません。「今さら業界常識を変えてもね」「一石を投ずるような真似はしてくれるな」と非難されることすらありました。「飯田屋の若いやつが変なことを始めた」と、悪意のある言葉も聞こえてきました。

そのとき、ふと気づいたことがありました。

これまで、たくさんのメディアで数多くの料理道具を紹介させてもらいましたが、あくまでも〝業界の枠〟の中での注目にすぎなかったのです。「よく切れるパン切り包丁は？」「一生使えるまな板は？」など、世の中にある道具を比較はできても、業界の枠からはみ出す革新性を備えたエバーグリルには、こぞってストップがかかりました。

いい道具でありながら紹介できないことが悔しくて、やり切れない思いでいっぱいになりました。「もしかしたら僕のせいなのか」と、飯田結太という個人に限界を感じました。

世の中にはいい道具にもかかわらず、消えていく商品が山ほどあります。一方で、知られていなかった道具がメディアで注目を浴び、ヒット商品へと変貌を遂げる例もあります。

社会を動かすほど注目された商品の多くは、商品の魅力だけなく、ドキュメンタリー番組などで会社の取り組みや考え方を紹介された結果であることが多いようでした。僕のように個人の力で商品を伝えようとしても、限界があるのです。

これまでは「メディアによく顔を出すタレント社長のいる店」という個人への評価でした。しかし、いい道具を伝えるためには「いい道具を取り扱う店」と会社として評価され、愛されるように成長していかなければいけないと強く思いました。

とはいえ、すでに飯田屋には素晴らしい従業員たちが活躍してくれているという自負がありました。そこで、会社の魅力を外部へわかりやすく表現できないものかと考え、実行したのが「勇気ある経営大賞」への応募でした。

これは東京商工会議所が「過去に拘泥《こうでい》することなく高い障壁に挑戦し、理想の追求を行うなど勇気ある挑戦をしている中小企業またはグループを顕彰する制度」です。いうなれば、企業の大小は関係なく、いい会社であれば表彰するという取り組みです。

書類審査、実地審査、従業員を含めた面接・発表などを乗り越え、第16回（2018年）優秀賞を受賞できました。受賞理由は、経営危機に際して顧客の「これが欲しかった」に応えるため、社内外からの反対を受けながらも事業を見直し、大きく業績を改善したことです。

初めて飯田屋がいい会社であると認められた瞬間でした。

企業としての信頼で業界常識を克服

勇気ある経営大賞の優秀賞受賞をきっかけに、大きく流れが変わりはじめました。

メディアの評価も今までのように「料理道具が詳しい蝶ネクタイの変な社長」という評価から、「いい会社を経営する、料理道具が詳しい社長」へと変わります。僕の料理道具の知識だけでなく、会社での取り組みにまでスポットライトが当たるようになったのです。テレビへの露出はこれまで以上に加速度的に増えていきます。

2019年5月、「マツコの知らない世界」という人気テレビ番組に、フライパンの専門家として出演する際、番組プロデューサーに「エバーグリルを紹介したい」と相談したところ、「飯田さんがいい商品と言うならばやりましょう」と快く承諾を得られたのです。

それまでは、飯田屋がつくった道具を飯田結太が紹介しようとすると、「広告になってしまうので紹介できない」と何度断られたことでしょう。飯田結太個人ではなく、飯田屋という会社としての信頼を勝ち得たからこそ、エバーグリルを世の中のスポットライトが当たる場所に引き出すことができたのです。

これをきっかけに、エバーグリルは圧倒的なブレイクを果たしました。生産が追いつかないほどの大ヒット商品となったのです。

　飯田屋でも常に欠品状態となりました。あれほど否定され続け、見向きもされず、業界常識とは真逆のフライパンが日の目を見たのです。2019年には、その美しさと実用性が評価され、フライパンで唯一「グッドデザイン賞」を受賞させていただきました。

　エバーグリルではさまざまな経験を重ねました。悔しいことも、つらいこともあり、開発をやめてしまおうかと思ったときもありました。

　それでも続け、多くの人に愛されるフライパンを生み出して、得られたもっとも大きな成果はなんでしょうか？　それは売上でも利益でもありません。

　正直、そんなことはどうでもいいと思えるほど、丸山さんと佐藤さんに出会えてよかったと思うのです。ともに苦労を乗り越えた一生涯の友を得られ、「僕はなんて幸せなんだ！」と叫び出したくなるほど嬉しいのです。

エバーグリル開発チーム
左から丸山俊輔さん（フジノス）、
佐藤友昭さん（同）、著者

第4章

非効率バンザイ！

スタッフすべてがバイヤー

僕たちの仕事は、モノを売るだけの「物販業」ではありません。料理道具を通じてお客様を喜ばせる「喜ばせ業」です。たくさんの喜びを提供するために、「この道具に出合えてよかった！」と満足してもらえる料理道具をいつも用意しています。

難しいのは、自分の目線で「これはきっと売れるはずだ！」と思って仕入れた商品は総じて売れないことです。逆に、お客様のご要望の声を集めたヒントノートを基に客観的な目線で仕入れると、おもしろいほど売れてしまうから不思議です。

飯田屋では全従業員に仕入れの権限を与えています。全員がバイヤーです。

一般的な店では、専任バイヤーのみが仕入業務を行います。店全体の商品構成を把握し、お客様の動向を捉え、売れる商品を売れるタイミングで仕入れる判断力を養うのは容易ではないからです。

しかし、飯田屋の従業員たちは店頭で、お客様のニーズ、不満、ライフスタイルまでたくさんの本音を聞いています。目の前にいるお客様の要望を、誰よりも把握しています。

だから、お客様からの要望に合う商品が即座に仕入れられるのです。

自分が仕入れた商品が、誰に、どのタイミングで、どう喜んでもらえたかを知ることは大切です。売れたときの喜びはひとしおですが、売れないときのつらさもひとしおです。

あるとき、「アヒージョ鍋を仕入れたい」という提案が従業員からありました。アヒージョとは、オリーブオイルとニンニクを使ったスペインの煮込み料理です。ホームパーティーなどで、気軽にアヒージョが楽しめる小鍋があるというのです。

「家庭でアヒージョをしたい人なんているの？」と思いながらも、仕入れ許可を与えると驚くほどに売れていきます。ご購入されるお客様はみんな嬉しそうな笑顔をしています。

「この包丁を仕入れたいんです！　すでに仕入先も見つけてきました」という提案もありました。その包丁は前から仕入れたいと思っていた商品でしたが、海外から直輸入するしか方法がないと思い諦めていたものでした。

それを仕入先まで見つけてきたというのです。欲しい商品を探すリサーチ力と、仕入先を見つけ出す行動力に驚かされました。

「こんな商品があったら、喜んでもらえるはずです！」と提案してくれる従業員たちの顔はキラキラッと輝いていました。「仕入業務は、僕一人ですべき仕事ではない。みんなに自由に仕入れができるように権限を委譲したほうが、飯田屋にとっても、お客様にとっても、いい商品を仕入れられるかもしれない」と大きな可能性を感じました。

とはいっても、仕入業務は在庫や資金管理の責任が伴う大きな仕事です。だから、もっと商品を見る目を磨き、知識を蓄えてもらう必要があります。

そこで、展示会などには全従業員を順番に連れていくことにしました。

以前は正直なところ、従業員を連れていくのは非効率だと考えていました。僕が一人で仕入れたほうが、飯田屋として間違いのないものを選べると信じていたからです。

しかし、お客様に心から喜んでもらえる店をつくる上では、むしろそのほうが非効率でした。

従業員たちは、それぞれが僕にはない感性を持っています。それぞれの目線で、お客様を喜ばせるための方法を考えてくれています。それを生かしよりよい店づくりにつなげるには、より多くの目を、より多くの道具に触れさせて、より優れたバイヤーを一人でも増やすべきなのです。

無類の肉好き、特技は早食い「スーパー経理」江口京子

　展示会に連れていくことで、メーカーとの交流や道具に触れる機会が増え、これまでより商品への興味が深まっていきます。休日にほかの道具店に足を運んだり、スーパーで道具をチェックしたりと、私生活の中でも道具に接する頻度が増えてきたようです。

　また、メーカーからの売り込みは、僕だけではなく従業員も受けます。メーカーから得た商品知識は接客時にお客様の困りごとを聞く際に役立ち、喜ばれる商品とは何かを見極めてそれを仕入れに反映させることにつながるからです。

権限委譲は最高の教育

2014年ごろからは、さらにわかりやすく権限委譲しました。

アルバイトは300万円。

正社員は500万円。

役職者は2000万円。

年間にこれらの金額までは、お客様に喜んでいただくためなら自由に使ってよいこととしました。多くの場合は仕入業務に使われます。

最初は上限を決めずに「とにかく好きに使っていい」という指示だけを出しましたが、誰も動きません。ようやく使う者が現れましたが、わずか数万円程度の仕入れを行っただけでした。

飯田屋の仕入れ金額は2億円規模。たった数万円の仕入れでは、会社として新しいチャレンジをしたといえる規模ではありません。

しびれを切らした僕が「100万円くらい思いっきり使ってみれば?」と声をかける

と、数十万円ほどの金額ですが、やっと新しい挑戦が始まりました。このとき、人はある程度の枠がないと動けないことに気づいたのです。

「好きにやっていいよ」と言われても、その言葉通りには行動できないものです。「好きにやりすぎて怒られるかもしれない」というリスクを懸念して、動けないのです。

また、小さな枠を設定してしまうと、ほんの小さな取り組みで大きな挑戦をした気になってしまいます。簡単には手が届きそうにない大きな枠があって初めて、自由に動けるようになります。

その枠が先ほどの金額です。部課長で2000万円の裁量権を与えて、やっと500万円程度を使った取り組みが始まりました。

もちろん報告はしてもらいますが、この金額内なら何をしてもかまいません。これまでに、新商品の仕入れはもちろん、ショップカードの作成やオリジナルTシャツの販売、出張販売の開催など、さまざまな挑戦が行われています。

もちろん、失敗も数多くあります。

それでもかまいません。失敗から得られる学びを大切にしたいからです。

高額な参加費を払ってセミナーに通ってもらっても、自主性をもって取り組まなければ大きな学びは得られません。しかし、高額なお金を使える権限と自由に動ける大きな枠は自主性を育てます。

だから、この権限委譲の金額をそれぞれに与える年間の教育費として考えています。しかも、絶対に採算がとれると確信できる教育費です。

100万円分の新しい仕入れに挑戦し、たとえ売れ残ったとしても問題はありません。

「どうしてこの商品を選んだのだろうか？」

「なぜ売れなかったんだろうか？」

「どうしたらお客様に気づいていただける商品になるのか？」

「売り出し方はどうだったのか？」

「POPの文言を変えたらどうか？」

さまざまな大切なことを、自分のこととして考えて成長してくれます。また、権限は自由度が高いほどアイデアを広げ、責任を持って行動することにつながるようです。

打率よりも打席数を重視する理由

初めは誰しも失敗するものです。大抵は、独りよがりの考えで商品を仕入れ、ほとんどが売れ残ります。

でも、それでいいのです。成功の確率ばかりを厳しく求めると、人は挑戦をしなくなります。挑戦を続けるより、挑戦をしないほうが確率をキープできるからです。

しかし、たくさんの失敗を繰り返しながら成功体験を積み重ねることで、人は多くを学びます。そして、学び続けることでさらに大きな学びを得られるようになります。

失敗して初めて、お客様の目線に立てていなかった事実を認識します。商売とは自分を喜ばせるためのものではなく、お客様を喜ばせるための「喜ばせ業」なのだと身をもって知るのです。

失敗を反省し、損失を自分の給与から穴埋めしようとする従業員もいました。

しかし、どんな理由であろうとも、絶対に穴埋めさせません。個人の失敗を会社の失敗としてきちんと受け入れてこそ、より大きな責任感が生まれるからです。

どれだけ大きな失敗をしても、必ず次の挑戦を促します。打席に立たなければ、打率は上がらないからです。1回目よりも2回目、2回目よりも3回目と諦めずに挑戦を促します。

成功するか失敗するかは、やってみなければ誰にもわかりません。失敗したらそこから学び、次に生かすことを忘れなければ、確率は気にしなくていいのです。

これまで、飯田屋ではかなり個性的なものを仕入れてきました。

渡部純は、子ども用の調理セットを仕入れました。ヒントノートには書かれていませんでしたが、子ども連れのお客様が多いことに目をつけたようです。彼にとって、初めての仕入れでしたが、なんと1年以上経っても売れませんでした。

その間、どうしたら売れるのか頭を悩ませたようです。陳列場所を動かしたり、ＰＯＰの文言を変えたりと彼は工夫を繰り返しました。

そして、やっとお買い上げいただいたお客様から、ある日メールが届きました。そこには、笑顔で調理セットを使っている子どもの写真が添付されていました。

仕入れには大きな責任が伴い、売れなければ苦しい思いをします。その半面、笑顔を生み出すこともできるのです。苦い経験をしたからこそ、次も努力を惜しむことはないでしょう。

「センターエッグトリプルパン」をヒットさせた鈴木克明

渡部には、苦しんだ1年間の成果を発揮してもらうべく「子ども用の料理道具専門の棚をつくってみたら？」と提案し、新しいチャレンジをしてもらっているところです。

鈴木克明は、センターエッグトリプルパンという三つに仕切られたフライパンを仕入れました。おもちゃのようでそれまで仕入れなかった商品ですが、お弁当をつくるお母さんたちに大評判を呼びました。

ヒントノートには「お弁当をもっと効率よくつくれるような道具が欲しい」「忙しい朝に洗い物を減らせる道具」など悩みはあったものの、具体的に欲しい道具が書かれていたわけではありません。

しかし、鈴木はその意図を上手に読み解

き、この商品にたどり着きました。自分用に買ったお客様が「使ってあまりにも便利だったので友だちにもあげたい」と再度ご購入に来店されたこともあるほどでした。

杉山研二は、重ね合わせて収納できるステンレス製の口付き小型ボールを仕入れました。強化ガラス製の小型ボールはどこにでもありますが、割れないステンレス製のものを求める声があり、しかも液だれしない口付きのものが欲しいというのです。

これまで、要望にぴったり合うものが見つからずにいたのですが、あるとき杉山が展示会で見つけてきました。これが爆発的に売れ、プロの料理人からも一般家庭の方からも喜ばれています。

飯田屋では、どれだけ売れ筋商品を仕入れたとしても、それだけで評価をすることはありません。それよりも、どれだけ新しいことに挑戦しているかを評価します。

まず挑戦への打席に立ったことを褒め、うまくいかなったとしてもその原因を十分に考えてもらいます。そして、挑戦し続けることの大切さを口を酸っぱくして言い続けています。

その甲斐あって、今では挑戦し続けることが当たり前の文化となりました。おそらく、僕がいなくなっても飯田屋は挑戦をやめないでしょう。

かわいい社員には「旅」をさせろ

「かっぱ橋には遠くて行けないよ」

お客様のそんな声にお応えして、2017年から「旅する料理道具屋」と名づけた出張販売を始めました。

きっかけは、長野県塩尻市の山田崇《たかし》さんとの出会いでした。彼は世界的講演会として有名な「TEDカンファレンス」にも出演された、元ナンパ師で作家。「日本一おかしな公務員」とも呼ばれ、公務員なら知らない人はいないほど有名な方です。

彼は地元のシャッター商店街の活気を取り戻すために、空き家を借りてさまざまなイベントを催していました。その一つであるワンデイショップに参加することになったのです。

いつか出張販売ができたらいいと漠然と考えていたものの、どこでやろうか、どうやってやろうかといった具体的なプランはありませんでした。たまたま勉強会で知り合った山田さんに相談したところ、「それおもしろいですね、うちでやりましょう。で、いつやります？」と2秒で開催が決定。とてもありがたい話でした。

塩尻の旅へ連れていく道具は、100種類のおろし金だけにしました。もっと、いろいろな道具からまんべんなく選ぶことも考えましたが、飯田屋らしさをお伝えできるのはこれだったのです。おろし金を使い比べて選んだ経験のある人は、そうはいないだろうとの思いもありました。

畳の敷かれた古民家のテーブルに100種類ものおろし金を並べ、お客様と一緒にテーブルを囲んでおろし金の特長をレクチャーしながら使い比べてもらいました。

販売会というよりアットホームな勉強会のような雰囲気の中、「おろし金一つでこんなにも味が変わるものなのね。道具を選ぶことが、これほど楽しいなんて知らなかった！」と猛烈に感動し、4種類も購入してくださったご年配の女性もいました。

また、これまで地元を離れた経験のないお客様が「道具を通して新しい世界を知ることができた」と歓喜してくださいました。「旅する料理道具屋」で、お客様に新しい旅をしていただけたのです。

こんなにも料理道具で感動していただけるのかと、驚くとともに嬉しくなり、半年に1回ほどのペースながら続けることにしました。しかも、出店場所や賃料の交渉、商品選定などの一切をすべて従業員に任せたのです。

2人一組のチームをつくり、順番に出店してもらいます。料理道具は、僕たち喜ばせ業にとっての「喜ばせツール」です。それをどう活用するかを自由に決めていいのです。正直なところ、出張販売では黒字にはなりません。しかし、店舗にいるだけでは決して味わえない体験をたくさん積むことができます。

旅する料理道具屋では、飯田屋を知る人も、飯田屋を目的に来てくださる人もほとんどいません。店に人を呼び込むのがどれほどたいへんなのかを知ることになります。

それを知った上で、スタッフの様子をこっそりと見に行ったことがありました。すると、普段はおとなしく、大きな声を発することのない藪本が声を張り上げて呼び込みをしているではありませんか。その姿を見て、思わず感動してしまいました。

飯田屋では、ゆっくり店内をご覧いただくために、お客様への声かけを禁止しています。しかし、出張販売ではおとなしいままでは通用しないと判断をしたようでした。

こうした経験は、店舗にいるだけではできなかったことです。旅する料理道具屋が赤字であったとしても、教育費と考えれば決して高くはありません。

何よりも、お客様が来てくださるのは決して当たり前のことではないということを知り、お客様への感謝の気持ちがより一層強くなったことは大きな学びになりました。

ＰＯＳシステムよりお客様の声

２０１６年の冬、ＰＯＳシステムを導入しました。

いつ、どんな商品が、どんなお客様に売れたのかを簡単に集計・管理・分析できるようになり、収集データを分析して仕入れに反映しました。これで、より業務効率が向上し、売上が伸びると考えたのです。

しかし、思ったような成果は上がりませんでした。

多くの業界には繁忙期と閑散期があり、年間行事や季節とひもづく購買サイクルが存在します。しかし、料理道具の場合、メディア露出が大きな影響を及ぼします。目の前のお客様がこの時期にこの商品を購入したのは、テレビの影響なのか、雑誌を見たのか、ブームが到来しているのか、芸能人がすすめていたのかといった流動的な情報が必要です。

そのため、ＰＯＳシステムが導き出すデータ分析はあまり向いていません。また、ＰＯＳシステムは過去の数字は教えてくれますが、未来の情報を導き出すことはできません。

とても便利に思えた自動発注機能の使用もやめました。

自動発注機能は仕入先の情報を知らないままに、発注できます。それが問題でした。

お取引先とは、しっかりと信頼関係を築いていきたいからです。手間はかかりますが、発注書などは手書きで書くので、商品と仕入先が一致するようになりますし、こまめな電話やＦＡＸは相手を知るきっかけにもなります。

システムに頼れば仕事は楽になりますが、コミュニケーションの機会も減り、数字だけの関係になってしまいます。

日々のコミュニケーションがあれば、お客様から質問があったときも、どのメーカーから仕入れているのか、担当者は誰なのかが一瞬で頭に浮かびます。機械的に効率を上げなくとも、密なコミュニケーションが生み出す効果もあるのです。

また、僕がもっとも重要視しているお客様との接点が二つあります。

一つ目は、レジ打ち作業です。お客様の声をもっともよく聞くことができるのがクロージングのレジ打ち作業だからです。

「なぜその商品のご購入を決めたのですか？」「どんなことに使うのですか？」など、可能な限り聞くようにしています。買う決め手となった理由は宝物のような情報です。

二つ目は、注文品の梱包作業です。一緒に購入されやすい商品の組み合わせが一目でわかります。ＰＯＳでも確認できますが、文字の羅列より現物なら一目瞭然です。

梱包の際、ご購入への感謝の気持ちを伝えるために、「最高のフライパンのお買い上げありがとうございます。弱火で焼くとおいしいですよ！」など、段ボール箱の耳の部分に手書きのメッセージを残すようにしています。

これは仕組みではなく、僕が好きで始めたことです。しかし、従業員も真似してくれるようになりました。

レジ打ち作業も梱包作業も、「雑務」といわれることの多い仕事です。しかし、雑務と決めるのは人の心です。雑な心でやった仕事は雑用となりますが、心を込めてやった雑用は立派な仕事になるのです。

電話応対も大切です。本当は店にかかってきた電話を誰よりも早くとりたいのですが、最近は従業員のスピードも上がってきて争奪戦となっています。

結局は、非効率的に思えていた手作業の数々が小さな店ではもっとも効果的なのかもしれません。どれも、お客様の飯田屋への印象を左右する大切な仕事です。

なんでもかんでもシステムに頼らずに、お客様との接点を大事にしたいと考えています。

プロの販売員よりプロの消費者

店を経営する立場としては「売れる販売員」を雇いたい気持ちはあります。事実、過去には求人募集欄に「販売経験者優遇」と記していたこともありました。

しかし、商品を売る技術と、お客様の気持ちに寄り添える能力は違います。飯田屋が求めているのは、販売に長けたプロの販売員ではなく、一消費者としてお客様の事情に寄り添える、言わばプロの消費者なのです。

以前、販売経験も豊富で、売るのがとても上手な人が入社したことがありました。しかし、あまりにも売るのが巧みすぎたのです。経営者として業績向上は喜ばしいはずなのに、その人が販売する様子を見ていて「本当に、これでいいのだろうか?」と疑問が残りました。それは、その人の接客でお客様が満足しているようには見えなかったからです。

プロ販売員として効率よく短時間で販売して成果を上げる技術は、重要かもしれません。しかし、飯田屋では違います。1000枚フライパンを売るよりも、たった1枚でもお客様が心から納得し喜んで買って帰ってもらうことが飯田屋の仕事だからです。

僕の目には、お客様が従業員の押しの強い接客に圧倒されて、購入を決めさせられたように映りました。その人はお客様に喜んでいただくことより、前職の営業ノルマ達成で感じていたような、売上を上げることに喜びを見出していたように思えたのです。

「売れる販売員」として数字を目標に戦っていると、「あと1点でも、あと1000円でも売りたい」と、お客様を数字で判断してしまうことがあるように思います。

飯田屋では、お客様には心から納得して購入してほしいと願っています。ご購入いただいた料理道具に対して後悔してほしくありません。

それにはプロの販売員よりもプロの消費者のほうが向いています。それは、一人の消費者としてお客様と同じ目線で商品を見ることのできる販売員です。

たとえば「飯田屋のかあちゃん」と呼ばれ、みんなに愛されている長沼聡美は二人の子どもを育てるベテラン主婦。自分の生活経験を基に、「あれが欲しい」「こんなのがあったらいいな」と思う商品を仕入れ、プロの消費者の目線で販売してくれています。

たとえば、マーナの「お弁当箱洗いブラシ」。密封容器やお弁当箱のふたの溝など隅の汚れを洗うのに適したナイロン製のキッチンブラシですが、「おろし金を洗うのにちょうどいいのよ」と自らの経験を伝えて大ヒットさせました。

ほかにも、電子レンジにひっつくシリコンミトンや鍋ぶた置きなど、日々の生活の中で自分自身が困っていることをお客様と共有・共感し、解決策を探っていける販売員です。

プロ消費者の目線でヒットを連発。「飯田屋のかあちゃん」長沼聡美

その共感力が、お客様の満足度を高めているのです。

飯田屋が育てたいのは、お客様に寄り添える人材です。日本でいちばん売るのが上手な店になりたいとはまったく思いません。でも、料理道具で困りごとを抱えたお客様が、日本でいちばん気軽に相談できる店になりたいという野望はあります。だから従業員には、どれだけ目の前のお客様に寄り添えるかで自分に誇りを感じ、それを会社への貢献としてほしいのです。「飯田屋の店員さんたちは、説明するだけでまったく商品を売ろうとしないよね」と外で評判になっていると聞いたとき、着々と野望の実現に近づいているなとニヤニヤしてしまいました。

接客マニュアルなんていらない

飯田屋には接客マニュアルがありません。

お客様への声のかけ方も、電話の受け答えも、商品の陳列も、袋詰めも、何も決まりがありません。自分がやってもらったら嬉しいことをお客様にもするという文化があるだけです。マニュアルで縛りつけるのではなく、一人ひとりのお客様に心地よく感じてもらえるベストな対応を常に考え実践していきたいからです。

マニュアルに基づいた指導をすれば、わかりやすく平均的なサービスはできます。しかし、一律のサービスでは嫌な思いもしなければ、大きな感動も生まれません。

飯田屋が目指すのは、思わず白い歯がこぼれるほどの笑顔が生まれる接客です。それは「ここまでやるの!?」と、想定外の対応を提供できたときに生まれます。マニュアルがあったら絶対にあり得ない接客です。

杉山研二は、台湾からいらしたお客様のために、離れた郵便局まで台車に荷物を載せて運び、配送をサポートしたことがありました。たいへん喜んでくださり、接客を受けている様子を写真に撮ってくださいました。

それから2年後、飯田屋で歓声が上がります。そのお客様が当時の杉山がにこやかに接客している写真を持って、再び杉山に会いに台湾から来てくれたのです。その写真を誇らしそうに僕らに見せ、いかに自分が杉山からいい接客を受けたか話してくれました。マニュアルどおりの接客だったら、きっとなかったエピソードでしょう。

ある会社ではマニュアルで、電話対応は何分以内までと決められていると聞きました。また、別の会社では、接客は何分以内に終わらせるというマニュアルがあるそうです。まったくナンセンスです。「目の前のお客様を大切にする」と決めたとき、マニュアルという店都合の教本は必要なくなります。

飯田屋にいらっしゃるお客様は、初回は「飯田屋」の名前を頼りにご来店くださいます。それが2回目以降は、「〇〇さんに会いにきた」とおっしゃる方が少なくありません。

それは、マニュアルに沿った一律の接客ではなく、個性を感じられる接客で白い歯がこぼれるほどニコッとしてしまうような体験をされたからでしょう。それこそ飯田屋が目指す接客です。

〝最後の砦〟としてのプライド

「人を喜ばせることに金額は関係ありません」

こう言いきる藪本達也は、とことんお客様のために尽くせる人です。

お客様の困りごとが大きかろうが小さかろうが、売上になろうが売上になるまいが関係ありません。「困りごとをどうにか解決してあげたい」という一心で接客をしています。

あるとき、外国人のお客様がいらっしゃいました。日本在住のその方はこれから日本で飲食店を展開する計画で、そのための大型調理機械を探しているとのことでした。

飯田屋では、調理機械は残念ながら取り扱っていません。そこで藪本は、探している機械、予算などをうかがい、要望に沿えそうな他店を丁寧に紹介しました。

それ以来、そのお客様はたびたび藪本を訪ねてご来店くださるようになりました。新しいビジネスを展開するときなども、報告や相談に訪ねてきてくれます。どうやら、藪本が彼に情報を提供したように、彼も藪本に何か情報を提供したいという気持ちがあるようです。

藪本は「料理道具以外の情報を知ることができて嬉しいですが、何よりも自分を信頼し

商品を売るだけでなく、お客様の困りごとをいかに解決するかが大切

て会いにきてくれるのが嬉しい」と言います。初来店から7年以上経っても変わらない関係が続いているのは、藪本の人柄がなせるわざでしょう。

そんな藪本は、修理などもよくお客様から承っています。

たとえば、鍋ぶたのつまみや焼きごての持ち柄など、道具の部品を交換したいという相談を受けます。有名なブランド品であればメーカーが修理を受け付けてくれることもありますが、ノーブランド商品だと修理を断られたり、修理工場が見つからないときも多々あります。

修理は利益にならない上、手間がかかるからです。壊れてしまったら、新しいものを買ってほしいというのも店側の本音でしょう。

とはいっても、修理を依頼してくるお客様には、その道具への思い入れが強い人が多いのも事実です。親から受け継いだものであったり、長年使ってきた愛着のあるものであったり、さまざまな思いが込められているのです。修理の完成を喜んだお客様が、わざわざ上司を連れてお礼の挨拶に来てくださったこともありました。


藪本は「うちで断ったら、どこに行っても修理してもらえないかもしれません」と言います。「飯田屋は修理の最後の砦ですから」と、なんとかしてあげたくなるそうです。

しかし、どれだけカタログを探しても、ぴったり合うものが見つからないことが多々あります。そこで近隣の町工場を訪ねて、なんとか修理してくれるところを探します。

手間のかかる作業なので断られる場合が多いのですが、藪本の熱意に押されてか、受けてくれる職人さんが見つかることもあります。こうした職人さんとの出会いにより、ますます修理の依頼に対応できるようになりました。

道具には使う人の魂が宿ります。修理してでも使いたいという気持ちに応えることも、料理道具を取り扱う「喜ばせ業」の大切な仕事の一つだと、藪本は教えてくれました。

「互利互理」で絆を育む

「お時間は大丈夫ですか？　もっといいものがないか探してもいいですか？」

お客様のご要望に合いそうな商品を見つけ出し、「これでいいや」とお客様が財布を開こうとしているときに、こう提案をするのは杉山研二です。「これでいいや」ではなく、「これがいい！」と思える体験をお客様にしてもらうために、接客に要する時間は長くなっても最高の1点を見つけてもらう姿勢を彼は貫いているのです。

料理道具は工業品であっても、少しずつ形や色が違うものもあります。それを、いくつも見せ、いちばん気に入ったものを持ち帰っていただくため、お客様に最後まで丁寧に付き合っている姿をよく見かけます。

たとえば、19世紀から続くドイツの職人一家、ターク一族が製作する鉄製フライパン「ターク」。1枚2万円のものなど高価ですが、100年以上使える耐久性があります。鉄の厚さも2～3㎜と一般的なものと比べて約2倍もあり、穴が開く心配もありません。

厚みのある鉄は熱がゆっくり伝わるため、肉などの食材をおいしく調理してくれます。

長く愛用したいというお客様には、特におすすめしたいフライパンの一つです。

この商品、1枚の鉄を叩き出してつくられています。ですから、ハンドルやフライパン皿の部分の形状が1枚ずつ微妙に異なります。

多くの店では、フライパンの形を1枚1枚見比べてから販売するということはまずありません。しかし、杉山は倉庫にある在庫を全部持ってきて、すべてパッケージを開けてお客様に1枚ずつ見比べてもらい、気に入ったものを買ってもらうのです。

初めてその接客を見たときに、こんな接客の仕方があるのかと驚きました。

木製まな板を販売する際も同様です。木製まな板は天然のものなので、同じ模様のものはこの世に二つとありません。店内にある在庫と倉庫にあるまな板を並べて、どの木目をお客様がもっとも気に入るか見てもらってから最良の1枚を販売しています。

その姿勢に、価格の高い安いは関係ありません。2000円台のまな板でも、1万円を超えるまな板でも、お客様にとって最良の1枚を提供しようとします。

ただ売るだけでなく、販売した後も、もっと喜んでもらえるように、もっと大切に使ってもらえるように考えて杉山は販売しています。「接客のときに大切にしているのはお客様の納得感。買った後で絶対に後悔させたくない」という彼の気持ちの表れです。

そんな杉山は、自分が仕事で大切にしている考え方を「互利《ごり》互理《ごり》」と表現します。互は「お互い」、利は「利益」、理は「理由」と「理解」です。お客様が道具を探されている理由を、どんなに時間がかかったとしても最後まで理解し、お客様の利益が自分の喜びにつながる仕事をするという意味です。

この考えには、自分だけが利益を上げる仕事も、お客様だけの利益につながる仕事もありません。杉山は、お互いが納得してともに喜び合い、お互いが後悔しない仕事こそが、その後も長く続く絆を育むことを知っているのです。

そのような彼の行動は、終礼の感謝の時間で共有され、みんなが杉山の素晴らしい考えや行動を真似しはじめています。僕自身も杉山の接客を積極的に真似している一人です。こうした一人の優しい行動がみんなの意識強化につながり、飯田屋のファンをつくっていくのです。

行列ができる販売員が教えてくれたこと

「この世にあるか、調べてみます！」

このキラーフレーズでお客様をイチコロにするのは田代容子です。

カタログを調べても見つからない商品があっても、彼女は決して諦めません。お客様の時間が許せば宿題にしてもらってとことん調べ、それでも見つからないときは製作してくれるメーカーを探すこともいといません。

メーカーにないものは、設計図を自分でつくり提案するほどです。それゆえ彼女は「キッチンハンター」と呼ばれています。

明るく元気なキャラクターと嘘のない熱心さゆえ、老若男女問わずファンがとても多く、田代が接客中でも終わるまでお待ちになるお客様も少なくありません。まさに彼女は行列ができる繁盛店ならぬ行列ができる販売員なのです。

そんな彼女のまわりには、いつも笑顔があふれています。彼女の友だちも、友だちの家族も、飯田屋の従業員たちも、彼女がいるとまわりがパッと明るくなります。

田代にお土産を持って来店し、彼女の接客を受けるお客様までいるくらいです。それは田代がどんな仕事でも時間をかけ、こちらが「もういいんじゃないか」と声をかけたくなるほど真剣に応対するからだと思っていました。

でも、それだけではありませんでした。

あるとき田代が「丁度よい」という詩を教えてくれました。石川県にある真宗大谷派常讃寺の坊守（ご住職の奥様）藤場美津路さんがつくられたものです。

お前はお前で丁度よい
顔も体も名前も姓も
お前にそれは丁度よい
貧も富も親も子も
息子の嫁もその孫も
それはお前に丁度よい
幸も不幸も喜びも
悲しみさえも丁度よい

歩いたお前の人生は
悪くもなければ良くもない
お前にとって丁度よい
地獄へ行こうと極楽へ行こうと
行ったところが丁度よい
うぬぼれる要もなく卑下する要もない
上もなければ下もない
死ぬ月日さえも丁度よい

うまくいかないことがあっても、うまくいくことがあっても、それは自分自身を映す鏡

キラーフレーズは「この世にあるか」。行列ができる販売員、田代容子

で、現在の自分を映しているにすぎないことをこの詩は教えてくれると彼女は言います。

田代は決して人の悪口や不平不満を言いません。「楽しい」「嬉しい」「ラッキー」「幸せ」「ありがとう」と言い続け、いつもニコニコしています。だから、彼女には悪口を言わない友だちや、悪口を言わない同僚、悪口を言わない家族が集まってくるのです。

「何が起きたとしても、それはその人にとってちょうどよいタイミングでしか起こらず、必ずその人に意味があることしか起こりません」と田代。だから、彼女は「自分に起こることには感謝しかない」と言います。

今の僕だけでなく、未来の僕の生き方まで変えてくれた大切な教えです。すべてが「あなたにとって丁度よい」のです。

究極の切れ味「エバーピーラー」開発物語

究極の肉焼きフライパン「エバーグリル」に続いて、究極の切れ味のピーラー「エバーピーラー」の開発にも着手しました。ともに「受け継げる」ことが特長です。

これも、きっかけはお客様からのお問い合わせでした。

あるとき、リウマチで手が不自由になってしまったお客様から「握力が弱くても使える、切れ味のいいピーラーはありませんか」とお問い合わせがありました。

そこで、さまざまなピーラーを使い比べ、最も切れ味がいいと思われる商品をお客様にご提案したところ、ご納得の上お買い上げいただくことができました。

ところが後日、そのお客様から「まったく切れない」とクレームがあったのです。お客様は「もっと軽い力で切れて、もっと軽く持てるものが欲しい」とおっしゃいます。

お客様のご要望をピーラーの製造メーカーに伝えたのですが、「そんなに切れ味がいいピーラーを求めるなんて、その人くらいじゃないですか」「今あるもので十分だと思います」と取りあってもらえません。

「もっと切れ味がよく、安全で、握力を必要としないものはないだろうか」

「そもそも使い捨てではなく、一生涯使えるものはつくれないだろうか」

「市販されているピーラーの形状は、本当に最善の形なのか」

一度考えはじめると、どんどんと疑問が湧いてきます。

メーカーにはお客様の声を基にいろいろと提案してみましたが、本気で商品開発に取り組んでくれる会社は現れません。ならばと「飯田屋も資金を出すから一緒にピーラーをつくろう」と声をかけました。しかし、大手企業からは丁寧にお断りされてしまいます。小さな店が言うことなど聞いても、商売にはならないと思うのでしょうか。

ただその中で岐阜県関市にあるサンクラフトの営業担当、西剛久《よしひさ》さんは違いました。アイデアを話すと「おもしろいですね！　やってみましょうか」とその場で快く引き受けてくださったのです。

新しく開発するピーラーですが、切れ味に特化し、野菜をなでるだけで皮がむける構造の製品をつくりたいと提案しました。

西さんがすごいのは、その話を聞いて理解すると、すぐに本社の設計担当者に伝えてくれたフットワークの軽さです。飯田屋にはさまざまな会社の営業担当者が何百人も出入りしていますが、西さん以上に話の早い営業担当は一人もいません。

僕も西さんも「いい道具をつくりたい」という思いで一致していました。そこで僕がど

エバーピーラーの試作品。1度ごとに角度が異なるサンプルを制作

うしてもやりたかったのが、1度ごと持ち手の角度を変えたサンプルをつくり、実際に切り比べて最適な角度を探し出すことでした。

1度ごとに角度が異なるサンプルとなると、すべて手作業でつくらなければならず、普通は面倒くさがってやってはくれません。しかし、西さんは会社に掛け合って、僕のばかげていると思われても仕方がない要求に笑顔で応えてくれました。

その結果、27度でも28度でも29度でもなく、ぴったり30度が手にもっとも負担がなく、野菜の皮の細胞が潰れない最適な角度だとわかりました。刃を横に引けるので、指先に誤って刃が当たる心配もなくなりました。

怪我の恐れが少ないので、抜群に切れ味のいい刃を使用できます。だから、指を軽く引っ掛けて滑らせるだけで食材を切れるのです。また、従来のピーラーの刃の幅より少し広めにすることで、キャベツの千切りも楽にできるようにしました。

製造を担当してくれた川嶋邦照《くにてる》さんは、業界では知らない人がいないほど有名な日本最高峰の料理道具職人。これまで数々の名作ピーラーを生み出してきた神様のような人が、ピーラーに使用する刃としては世界でも極めて珍しい硬質の鋼材を使って、約2年にわたり試行錯誤を繰り返してできあがったのが「エバーピーラー」です。

切れ味に特にこだわった結果、野菜の皮をむくと表面がピカッと輝きます。輝くのは、野菜の細胞を潰していないからです。皮をむいた瞬間に輝くだけでなく、その野菜を冷蔵庫に入れ一晩置いても効果は長く持続します。

開発にあたって絶対に譲れなかった機能は、刃が交換できる点です。切れ味が悪くなったら使い捨てるのではなく、刃だけを取り替えられるようにしたのです。

人参、大根、じゃがいもの皮から、硬い皮を持つカボチャ、軟らかい皮のトマトまでどんな皮も楽にむけて、しかも替え刃式という業界常識とは一線を画す、世界でも圧倒的にユニークなピーラーが生まれたのです。

第5章

実店舗バンザイ！

規模の大きさよりも笑顔の濃さ

店に立ってお客様と話をすることは大切です。というか、それ以上に大切なことはありません。

売上が伸びてくると社長が店に立たなくなるという話を聞くことがあります。これは最悪。どれだけ売上が上がっても、その店で生まれるお客様の満足が増えていくことはないでしょう。

店にいると、これまで見えていなかったお客様の満足を生む種が、次から次へと見つかります。そのたびに、「まだこんなニーズがあったのか！」と嬉しくなるのです。

同じ1000円のおろし金でも、無言でお買い上げいただくのと、心から満足して笑顔でお買い上げいただくのでは、僕たちにとっての喜びはまったく違います。たくさんあるおろし金の中から厳選して「あなたが探し求めていたおろし金はこれですよ！」と自信を持っておすすめし、お客様には「私にぴったりのおろし金はこれだった！」と最高の満足を得てほしいと思います。

飯田屋は小さな店です。もし売場面積を広げれば、売上を上げられるかもしれません。

もし店舗数を増やせば、売上を倍に伸ばせるかもしれません。

しかし、そんなことをすれば、僕たちの目指す商売からは大きく離れていってしまいます。人の教育が追いつかず、マニュアルに頼りはじめるかもしれません。固定費が増えた分、さらに売上を追求しようと、売りやすい商品だけを並べたりするでしょう。

それは、飯田屋が目指す商いではありません。

店舗運営には、より多くの売上を追求する道と、より多くの満足を求める道があります。飯田屋が進むのは後者、つまり多くのお客様の満足を自分たちの知識と料理道具で極めていく道です。規模を大きくすることでお客様の満足が薄くなってしまうのであれば、小さくともお客様の濃い満足を追求する道を選びます。

本当にありがたいことに、さまざまな商業施設から出店のお誘いを毎月のようにいただいております。しかし、僕たちは多店舗展開にまったく興味がありません。

この土地で、もっと笑顔になってくれる人を増やしたいのです。ご来店くださったお客様の心をもっと満たしたいのです。

僕自身も、経営者でありながらプレーヤーとして働きたいという思いが強いこともあります。直接、お客様とお話しするのが大好きなのです。店数や客数を拡大するよりも、お客様の笑顔の質と量を高めたいのです。

店内で増殖するＰＯＰの奇蹟

黄色い紙に、手書きの黒い文字、赤線でアンダーラインを引いた飯田屋独特のＰＯＰには、商品への思いが込められています。限られた小さなスペースに、商品の特長、どんな人が買ったら幸せになれるのか、その道具が実際に使用されている写真など、伝えたい情報をできる限り簡潔にまとめて書きます。

たくさんの思いがあふれて書ききれませんが、それがお客様との会話のきっかけにもなります。この小さなＰＯＰは、飯田屋が接客と同じくらい大切にしているものです。最近では、飯田屋に料理道具の買物ではなく、商品に貼られたＰＯＰを見るのを楽しみにご来店される方もどんどん増えています。

おもしろいもので、接客されたくないお客様もいらっしゃいます。自由に商品が見たいけれど、自分の好きなタイミングで商品情報は欲しいとお考えです。僕も客としてはゆっくりと自由に見るのが好きで、販売員から話しかけられるとピューっと逃げてしまいます。

自分がされて嫌なことは自店でも行いません。そこでＰＯＰが活躍してくれます。

接客よりはお伝えできる情報量は少なくなりますが、お客様の好きなタイミングで商品情報をお伝えできます。ＰＯＰに書いてある以上の情報をお聞きになりたい場合には、商品知識豊富な従業員が接客させていただきます。

このようにＰＯＰは飯田屋にとって、一枚一枚が店員のようなものなのです。ならば人間味のあるほうがいいはずです。

ＰＯＰの人間味とは、手書き文字が醸す〝人間くささ〟です。以前はパソコン出力した文字でつくっていたときもありましたが、手書きに代えると売上は3倍近くになりました。さらに、お客様に声をかけていただく回数が約2倍にも増えたのです。

道具に込められた想いがより伝わったのでしょう。以来、どんなに文字に自信がなくとも、ＰＯＰは必ず手書きとなりました。ルールは、黄色い紙に、黒文字で書き、文字の下に赤線でアンダーラインを引くことだけです。

担当者は特に設けておらず、誰がどの商品にＰＯＰを付けてもかまいません。大抵は自分が仕入れた思い入れのあるものに書きます。

飯田屋の忘年会では毎年、特に記憶に残り、売上に貢献したＰＯＰをみんなで表彰する「ＰＯＰオブ・ザ・イヤー」が行われます。それに2年連続で優勝したのが藪本達也です。彼の書くＰＯＰは、いつもたいへん個性的です。

あるとき、商品が隠れてしまうほど大きな用紙に、びっしりと小さな文字で、熱い想いが書き綴られていました。商品を際立たせるためのＰＯＰではなく、ＰＯＰが主役と見間違えるほどです。

正直、「こんな長文を読んでくれる人がいるわけないだろう。それに商品が隠れてしまっては困る……」と思いました。そこで、こっそりとＰＯＰの位置をずらして商品が見えるように配置し直しました。

なぜ、こっそりかというと、基本的に従業員の自主性に任せて反対をしないことに決めているからです。それでも、どうしても気になってしまい、こっそりと直したのです。

しかし、信じられないことに、ＰＯＰで商品が隠れているときのほうが売れるのです。そんなバカなことあるかと不思議に思い、またこっそりと配置をずらしてみるのですが、やはり藪本のＰＯＰを置くと売れるのです。ＰＯＰの概念が大きく変わる出来事でした。

ほかにも、おもしろい事例はたくさんあります。ピザ専用のまな板には「ピザじゃない、ピッツァだ！」と書いただけのＰＯＰがあります。道具の説明すらしておらず、正しい発音をお伝えしているだけのものです。

それが、このＰＯＰを貼ってから4倍も売れるようになりました。飲食店関係のお客様に手にとっていただける機会が増えたのです。これまで売場に風景の一部として同化し

商品よりPOPが主役になることも

ていたものが、一つの個性ある商品として認識された瞬間でした。

ＰＯＰは実店舗ならばやったほうがいいと断言します。それでも、「ＰＯＰの書き方がわからない」という方もいらっしゃるかもしれません。そういった方におすすめなのが、ＰＯＰ指導の第一人者、山口茂先生が主宰している「ＰＯＰの学校」です。飯田屋でも全従業員が定期的に参加させていただき、勉強しています。

２０１９年からは飲食店関係のお客様にも伝えたいと、山口先生にご協力いただいて「ＰＯＰの学校かっぱ橋分校」を開校、飯田屋でも受講できるようになりました。ぜひ、覗いてみてください。

実店舗はアマゾンに駆逐されるという嘘

「アマゾンへの対抗策は大丈夫？」

実店舗を営んでいると、よく聞かれる質問の一つです。

はっきり言いますが、まるで影響はありません。逆に、ネット通販のお客様が増えるほどに、飯田屋への来店客数は年々大幅に増えています。

嘘みたいな話でしょうが、本当です。なぜなら、ネット通販購入者の母数が増えた結果、不満、不便、不快、不都合といった潜在的な「不」を抱えたお客様が増えていくからです。

料理道具の場合、大きさや重さで失敗したというお客様の声をよく聞きます。たとえば、フライパンをネットで購入した人がいるとします。

もちろん、ネット通販のサイト上にはサイズや重さがしっかりと記載されています。サイズは24㎝、重さは950g。価格も手頃だし、買ってみたとします。

しかし、商品が届いてみると、「こんなに小さかったのか！」とか「こんなに重かったのか！」と驚いた経験はありませんか。正しく商品仕様が書かれていても、それが自分に合った道具であるかどうかを判断するのは容易ではありません。

24㎝は少食の人の1人前、26㎝は2人前、28㎝は3人前、30㎝は4人前と、たった2㎝サイズが変わるだけで、料理ができる量がこれほど変わってきてしまうのです。950gと書いてある重さが自分にとってどれほどの重さなのか、実際にフライパンを持ってみれば一目瞭然なことが、文字だけで理解するのは難しいのです。

そして、ネット通販では簡単に膨大な種類の選択肢にアクセスできてしまいます。一人で何も知識なく道具を選ぶには、ネット通販は便利なようでかなり難易度が高いのです。だから買った人が感想などを書き込むレビューが大切になっていくのですが、最近では偽レビューというのも大きな問題となっていて、どこまで信じられるかは疑問です。


もちろん、ネット通販に満足感をおぼえる人も多いでしょう。しかし、それと同時に思ったものが買えなかったという不満も同じくらい増えているのです。

人間は本能的に不満、失敗を避ける生き物です。

フライパンをネット通販で買って不満をおぼえた人は、次は絶対に失敗したくないと思います。そこで次は専門店で道具のプロに相談して買うという選択をします。こういう人は今後はもっと増えていくことでしょう。

ネット通販には、自宅にいながらに買物できる圧倒的な便利さがあります。一方、それに比べたら飯田屋には圧倒的な不便さがあります。それでも、わざわざ足を運んでやってきてくださるお客様はたいへんありがたい存在です。

ですから、買物そのものが一つのエンターテインメントとなるよう心掛けています。実店舗で勝負をするなら、毎日一つのショーを興行するくらいの熱意で挑まなければ生き残りは難しいでしょう。

アマゾンの企業理念は「地球上で最もお客様を大切にする」だそうです。アマゾンは世界に数億人規模の顧客を持つ巨大企業です。

それでも、33坪しかない小さな飯田屋には、アマゾンを超えられる強みがあります。飯田屋では、「地球上で最も目の前にいるお客様を大切にする」と誓っていることです。

また、料理道具に関してはアマゾン以上にお客様を喜ばせられると自負しています。

アマゾンで購入したほうが早くて安いことを知っていながら、わざわざ飛行機に乗って飯田屋にご来店くださるお客様もいます。その方々は、飯田屋でしか味わえないお買い物体験を求めていらっしゃいます。

実店舗で勝負をする僕たちが、アマゾンのサービスに対抗する必要はありません。アマゾンには決して真似できない飯田屋の強みは、目の前のお客様に寄り添える人間味のある接客です。お客様のお名前をおぼえることや、会話を楽しむこと、手紙を書くことなど、それぞれの店に合った人間味のある接客をとことん磨いていけばいいのです。

POPによるコミュニケーションも実店舗ならでは

第5章

1億人のレビューよりたった一人の専門家

アマゾンのカスタマーレビュー機能はとても便利と評判です。たしかにアマゾンランキングのトップ商品には、思わず購買意欲をそそられます。ですから、評判が高くなるほどに、その評価を信用して次の購買行動へとつながるため、売上も伸びる傾向にあります。

しかし、専門店である僕たちがカスタマーレビューの評価をそのまま鵜呑《うの》みにして商品を販売するわけにはいきません。そこには必ずずれがあるからです。

あるとき、アマゾン売れ筋ランキング1位から100位までのビールグラスを買い集め、どれがいちばんビールをおいしく飲めるかを基準に、独自に評価してみました。すると驚くことに、1位のグラスが断トツの最下位となったのです。

そこで従業員にも、僕が評価した1位のグラスとアマゾン売れ筋ランキング1位のグラスを含む10種類をブラインドチェックで評価してもらいました。すると、好みによって多少のばらつきはあったものの、誰一人としてアマゾン売れ筋ランキング1位のグラスをおいしいとは評価しませんでした。なぜ、このようなずれが起きるのでしょうか？

売れ筋ランキングは、扱いやすさ、購入しやすい価格などさまざまな評価で成り立っています。また、広告による好印象も大きな要因かもしれません。構造的な特長などをうたった広告商品はリーチされやすく、ランキングが上がる傾向にあります。

カスタマーレビューはあくまで、その一品を気に入ったかという絶対的な評価でしかありません。僕たちのように何十種類もグラスごとに飲み比べて、相対的な評価をしている人はいないでしょう。カスタマーレビューを参考にするのはいいことです。しかし、すべてを鵜呑みにしていては、あなたが探し求める一品には出合えないかもしれません。

飯田屋では、カスタマーレビューには書かれることのない情報や知識、相対的な評価を伝えます。だから、お客様は感動してくださいます。どれだけの多くの人の情報よりも、たった一人の情報により大きな価値を持たせることも可能だと信じています。

僕たちは一人の専門家として、一人ひとりの異なるニーズに合った「あなたにおすすめの一品」を、自信を持って伝えていきたいのです。それこそが実店舗が生き残る道です。

それは難しいことではありません。大切にしているお客様にただ喜んでいただきたいという一心で、いろいろと商品を勉強して販売するだけのこと。それは、昔から多くの店で普通に行われていた営みにすぎません。

最近、どの店もやたらと近道を求めすぎる風潮があります。それが「実店舗はネット通販に負けてなくなる」という話につながっているような気がしてならないのです。

人生で最後の買物に来たお客様

　しとしとと雨が降る、静かな日の午後。

「道具を選んでほしいのだけど……」と年配の女性に声をかけられました。

　フライパン、お鍋、包丁、まな板、菜箸とあまりにもたくさんの商品を選ばれるので、「引っ越しですか？」とうかがうと、「そうなの。これが人生最後の買物なのよ」と微笑むのです。お話を詳しく聞いてみると、長年連れ添った旦那様に先立たれ、これから一人で介護老人福祉施設に入居するといいます。

　新しい住まいはオール電化のため、これまでの料理道具を買い替える必要があるとのこと。それならば、この機会に二人用だった道具をすべて一人用のコンパクトなものにしようと決めたそうです。

　そして、「人生最後となる料理道具は、ぜひ飯田屋で買いたい」と、わざわざ静岡から新幹線に乗って来てくださったのでした。その話を聞いて、「長く愛せる最高の料理道具を選んで差し上げたい」と心から思いました。

雨の日の接客からも学びがある

チタン製のフライパンはとても軽く、力の弱い女性や年配の方にとても人気があります。このお客様が気に入ってくださったのもチタン製でしたが、残念ながらＩＨクッキングヒーターに対応していません。

チタン製には、表面の塗装がはげてしまうと焦げやすくなるというデメリットもあります。人生最後となる料理道具を選ぶのならば、長く使えるものを選んであげたいのでおすすめできません。

とはいっても、重いフライパンでは疲れてしまい料理をしなくなってしまいます。悩みながらも、なるべく軽くて長持ちするアルミ製のフライパンをおすすめしました。

しかし、やはり重さが少し気になるようで、「コーヒーを飲みながら考えてきます」

と近くの喫茶店で休憩してくるというのでメモをお渡ししました。メモには、チタン製とアルミ製の違いやメリットとデメリットなどを書きました。

お客様はさまざまな料理道具を選びながら3時間ほど悩んだ末、「やっぱり飯田さんに選んでもらったものが欲しいわ」と言ってアルミ製のフライパンをお買い上げくださいました。そして、嬉しそうにおっしゃいました。

「今日は朝から雨が降っていたから、飯田屋さんに行くことにしたの。雨の日をずっと狙っていたのよ。だって、ほかのお客様が少ない日なら、あなたにゆっくり選んでもらえるでしょう？」

今まで雨の日が好きではありませんでした。お客様が晴れの日に比べて少ないからです。でも、お客様のこの言葉を聞いてから、僕は雨の日が好きになりました。

店は毎日、学びがある学校のようなものです。雨の日だからこそ喜ばれる人もいることを知りました。「人生最後となる料理道具」を選ぶお手伝いをさせていただけたことに、感謝と喜びで胸がいっぱいになった雨の午後でした。

買物のしやすさ、買物のしにくさ

どこに何があるのか一目でわかり、すっきりと整った店内に売れ筋商品が手を伸ばしやすく配置され、欲しいものがすぐに見つかることは、買物がしやすい店の条件といわれます。

でも、買物のしやすさとは本当にそれだけなのでしょうか。

それだけが条件ならば、飯田屋はかなり買物しにくい店でしょう。店内には所狭しと料理道具が並び、お客様に教えてあげたいと思う道具を知るたびに在庫数はどんどんと増えていきます。店の面積には限りがあるので、通路の幅がどんどん狭まっていきます。

買物に効率を求めるお客様と、買物に満足感を求めるお客様は、そもそも別のところに存在するのではないでしょうか。

買物がしやすいかどうかは、そのときに抱いている自分のニーズがどう満たされるかによります。どれでもいいから気軽にフライパンを買いたいというニーズならば、飯田屋は「買物しにくい店」となります。

一方、プロの道具屋の話をじっくり聞いてフライパンを選びたい人にとって、飯田屋は世界でもトップクラスの「買物がしやすい店」となります。このように、買物のしやすさはお客様のそのときの状況で変わるので、あまり追求しても意味がありません。

それよりも、お客様にワクワクする気持ちを感じてもらうことが重要です。どこに何があるのか一目ではわからず、まるで宝物探しをしているかのような店内。欲しいものを探していたはずが、別のものに思わず気をとられてしまうひととき。そんなワクワク感こそ大切です。

僕は幼いころから駄菓子屋さんが大好きでした。狭くてゴチャゴチャしていて、人との距離感が近い売場。欲しい商品は店主に声をかけないと手が届かない場所にあったりして「おばちゃん、あれちょうだい」なんて言葉を交わしたり……。大人になって手が届かないような品物は少なくなりましたが、今でも駄菓子屋さんに行くと子どものころと同じようにワクワクするのです。

駄菓子を買うだけなら、最近では近所のコンビニでも買えますが、僕は買いたいと思いません。駄菓子屋さんのゴチャゴチャしていて、すっきりとはほど遠いけれどワクワクするあの空間の中で買いたいのです。

飯田屋の商品陳列は駄菓子屋さんがお手本

実は、飯田屋のゴチャゴチャ具合は、駄菓子屋さんの陳列を参考にしています。僕が子どものころに感じた、あのワクワクを飯田屋でもお客様に感じてもらえないかなと思ったのです。

ですから、すっきりしている店舗とは真逆で、買いやすさともかけ離れています。しかし、会話しなければ買物がしにくい不便な店だからこそ、料理道具に対する不満などお客様の本音をうかがう機会が生まれます。

また、飯田屋には「すべての人が便利だと喜ぶ道具はない」という考え方があります。そのため、一見どれを買えばいいのかとお客様は迷いがちです。ですから、興味を惹きつけるPOPや、声をかけていただきやすいスタッフの雰囲気づくりには工夫を凝らします。

もしかしたら一部の人にとっては、世界でいちばん買物しにくい料理道具屋かもしれません。一方、一部の人にとってはわざわざ時間と手間をかけてでも料理道具の相談をしに行きたくなる店になったように思います。全方位すべてのお客様に愛されるような店にはしたくありません。そんな店は、誰からも愛されてない店だからです。

世の中に、店内がすっきりとしている店はいくらでもあるでしょう。手が伸ばしやすいように商品の陳列が広くとられた店もいくらでもあります。

ただ、お客様に不必要なものを買わせない店はどれほどあるでしょうか。「不必要なものを買わせない」は、お客様にとって買いやすい店の要素の一つです。飯田屋が目指す理想的な「買物のしやすい店」はまさにそのような店なのです。

飯田屋厳選
料理道具たち

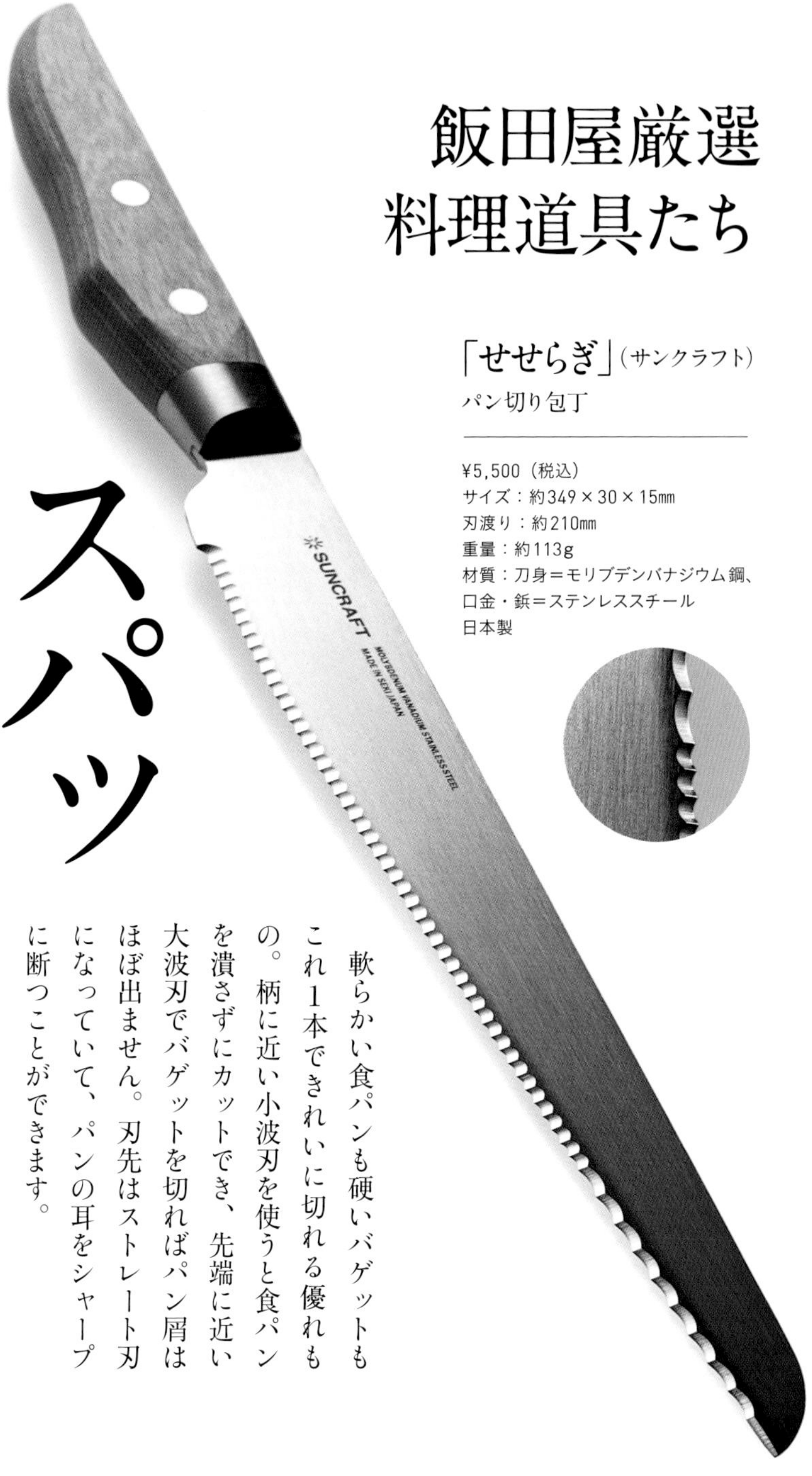

「せせらぎ」（サンクラフト）
パン切り包丁

¥5,500（税込）
サイズ：約349×30×15㎜
刃渡り：約210㎜
重量：約113g
材質：刀身＝モリブデンバナジウム鋼、
口金・鋲＝ステンレススチール
日本製

スパッ

軟らかい食パンも硬いバゲットもこれ1本できれいに切れる優れもの。柄に近い小波刃を使うと食パンを潰さずにカットでき、先端に近い大波刃でバゲットを切ればパン屑はほぼ出ません。刃先はストレート刃になっていて、パンの耳をシャープに断つことができます。

市販のピーラーのほとんどは、使っているうちに切れ味が悪くなるものばかり。でも、切れ味を良くすると指を傷つけてしまうことも。そこで刃に角度を付けて、今までのように手前ではなく横向きに刃を動かすようにすれば、安全に使用できるのでは？　そんな発想から生まれた

30度

のがこのエバーピーラー。飯田屋と刃物の聖地・岐阜県関市のサンクラフトさんとの努力の結晶です（開発ストーリーは185ページ参照）。

1度ずつ刃の角度を変えて試作したサンプルは17種類にも及び、ついに最適な角度「30度」を割り出しました。刃には高級包丁に使用される超硬質ステンレス440Aを採用し、極上の切れ味が長持ちする画期的なピーラーが誕生しました。

これを使えば野菜の皮が透き通るぐらい極薄にむくことができます。軟らかいトマトや桃、キウイもつるつるに、キャベツに使えばふわふわ食感の千切りが楽しめます。

長く使っていただきたいという思いから替え刃も用意。そして左利き用もラインナップ。まさに一生モノの料理ツールです。

飯田屋オリジナル

「エバーピーラー」

右利き用／左利き用

¥2,200（税込）[替え刃 ¥770（税込）]
サイズ：約幅7.5×奥15.1×高0.8㎝
重さ：約40g
材質：刃部＝440Aステンレス刃物鋼、
柄部＝18-8ステンレススチール
日本製

替え刃

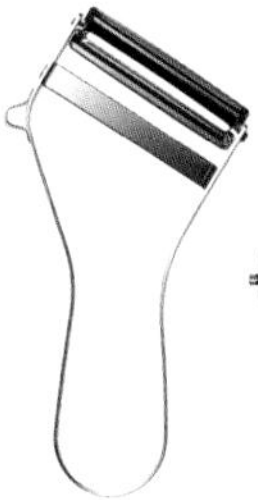

左利き用

どうしたら究極の〝ふわふわ〟食感が得られるおろし金をつくれるか——世界中から３００種類以上に及ぶおろし金を集め、使い比べた結果たどり着いた極上のおろし金が「エバーおろし」です。

生姜やニンニクなど繊維が残りやすい食材もきめ細かくふわふわに。チーズもチョコレートも人参、レモンの皮に至るまで、極上の細かさでおろすことで素材の旨みを引き出します。

こだわりの刃付けも金型も、すべての作業を日本で行った純日本製。さらに受け皿がついていることにも注目。受け皿があればおろした食材が飛び散ったりしないし、スマホサイズで持ちやすく安定するので、軽い力で楽々とおろすことができるのです。

純日本製

飯田屋オリジナル

「エバーおろし」

¥3,300（税込）
サイズ：約幅13.5×奥行6.5×高2.5㎝
重さ：96g（おろし金52g、受け皿44g）
材質：金属部＝18-8ステンレススチール、
受け皿＝ABS樹脂（耐熱温度90℃）
日本製

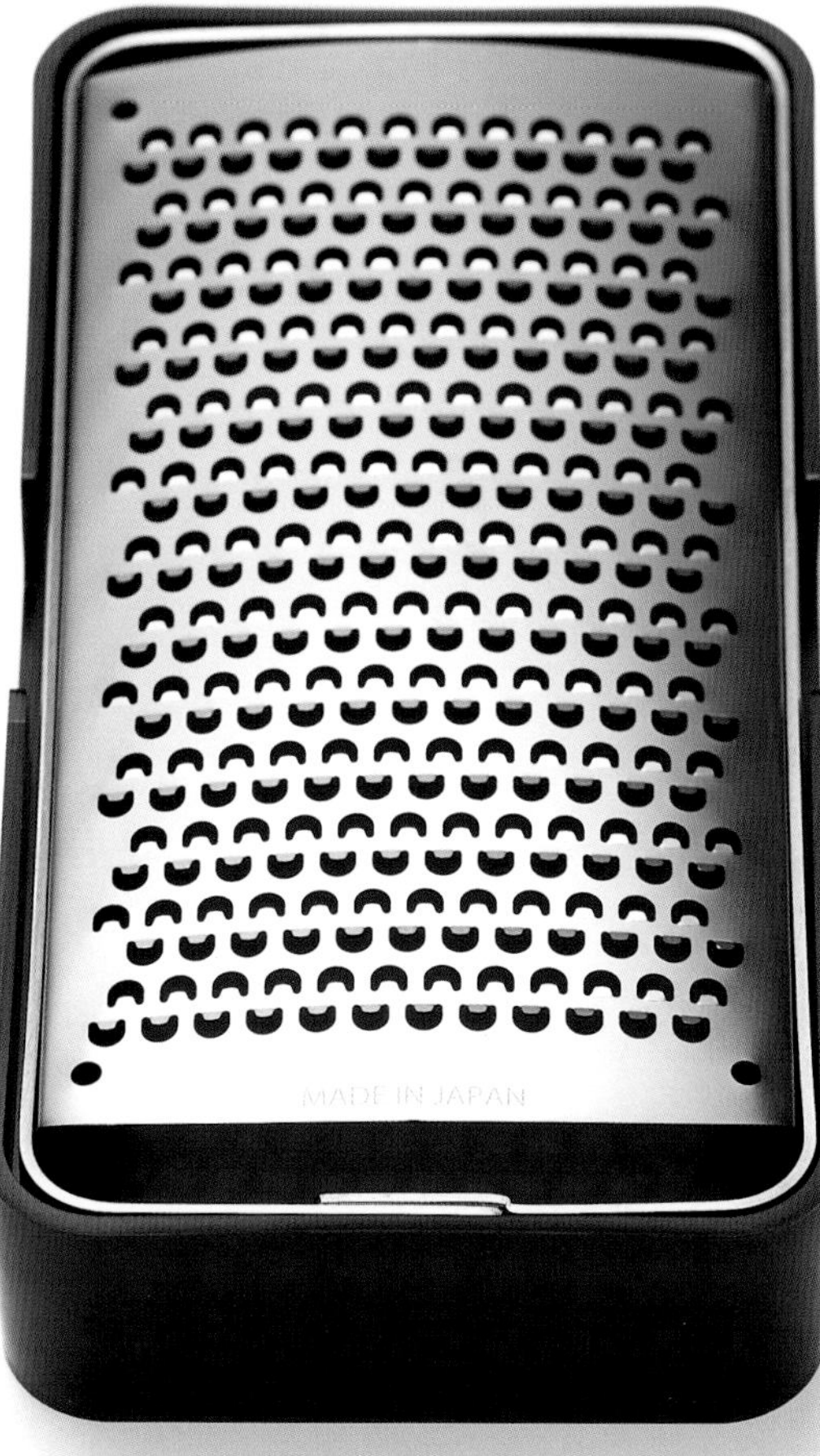
MADE IN JAPAN

放射状

フッ素加工を施した家庭用の一般的なフライパンは、耐用年数がせいぜい1～2年。世代を超えて使える100年もののフライパンをつくることはできないものだろうか。そこで新潟県燕市のフジノスさんとタッグを組み、5年の歳月をかけて完成したのが「エバーグリル」です（「エバーグリル開発秘話」141ページ～参照）。

食材のおいしさを引き出すために熱

伝導の遅い板厚3㎜の極厚ステンレスを採用し、長年使ってもガタが出ないよう一体成型でつくられています。

　そしてポイントは細かな放射状の目打ち。この独特の加工で油を一切使わなくても焦げつくことなく、中はふわふわジューシーに、外はカリッとおいしく肉を焼くことができるのです。

　もっと早く調理したいという方には、ステンレスよりも熱のまわりが早い板厚3・2㎜の窒化鉄製エバーグリルがおすすめ。

　ステンレス、窒化鉄ともガス、IHの両方に対応しています。

窒化鉄

飯田屋オリジナル

「エバーグリル ステンレス」

¥27,500［ステンレス］／
¥33,000［窒化鉄］（税込）
サイズ：約26㎝
重さ：約1590g［ステンレス］／
約1740g［窒化鉄］

他の金属を一切使わず銅だけでつくった純銅製の雪平鍋。驚くほど熱の伝わり方が早く、あっという間にお湯が沸きます。まさに〝熱伝導の王様〟。カレーやシチューなどを弱火でじっくりと調理でき、保温性に優れているためゆっくり熱を冷ましながら味を染み込ませる煮物づくりにも最適です。

かつて有害と思われていた緑青《ろくしょう》を出さないように銅板に錫を塗るのが一般的でしたが、これが熱の伝わりを妨げていました。しかし、その後緑青は無害であることがわかり、世界でも極めて珍しい銅板1枚による雪平鍋が誕生しました。

底も側面も均一に近い温度で調理でき、一度使うと手放せなくなる逸品です。

飯田屋オリジナル

「純銅製雪平鍋」

小サイズ（15cm）

大サイズ（21cm）

¥11,000［大］/ ¥9,020［中］/ ¥7,700［小］（税込）
サイズ：直径21×深さ9.6cm［大］/
直径18×深さ8.4cm［中］/ 直径15×深さ6.9cm［小］
容量：約2.85ℓ［大］/ 約1.35ℓ［中］/ 約1ℓ［小］
重さ：約1150g［大］/ 約750g［中］/ 約500g［小］
材質：本体＝純銅、持ち手＝天然木　日本製

熱伝導

純銅

こちらの玉子焼器も錫を引いていない純銅製。和食の料理人の方たちから「錫メッキしていない銅製の玉子焼器はないの？」と何度も聞かれ、製品化に踏み切りました。

純銅製は熱伝導率が高いので、プロがつくるように卵をふわふわに焼くことができます。ただし、お手入れには若干の注意を。酸や塩素に弱いので調理後は早めに別の容器に移した方がいいでしょう。銅は使っているうちに黒ずんできますが、調理等に影響はありません。

サイズは大（卵3〜4個用）、中（卵2〜3個用）、小（卵1〜2個用）のほか、5〜7個の卵を焼ける特大（15㎝）もあります。

飯田屋オリジナル

「純銅製玉子焼器」

¥4,950［大］/ ¥4,620［中］/ ¥4,180［小］（税込）
サイズ：内寸135×180×深さ30㎜［大］/
内寸120×165×深さ30㎜［中］/
内寸105×150×深さ30㎜［小］
板の厚さ：1.2㎜　日本製

大サイズ（135㎜）

小サイズ（105㎜）

ふわふわ

僕が料理道具にのめり込むきっかけとなったのが、何を隠そうこのおろし金です（32ページ／131ページ参照）。おろし面は傾斜していて力をかけやすく、鋭い歯が大根の繊維をきれいに断ち切って、粉雪のような究極のふわふわ食感を味わうことができます。

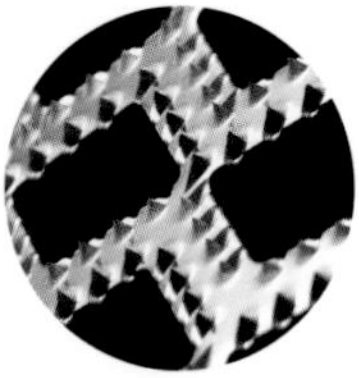

「楽楽おろしてみま専科 極み」

¥5,500（税込）　サイズ：約幅125×奥行300×高85㎜　重さ：約530g　材質：本体＝AS樹脂＋ポリプロピレン＋シリコン、おろし金＝ステンレス　日本製

手編み

一見何の変哲もない焼網ですが、これで焼いたパンのおいしいことといったら！
今も手編みにこだわる金網細工の老舗・辻和金網さんの職人技が生きています。焼網と一体となっている極細ステンレスネットの受台が熱を蓄え、「外カリ、中フワ」の極上の食感が生まれるのです。

「手付き焼網」
(辻和金網)

¥4,400［大］/ ¥3,300［小］（税込）
サイズ：縦横225×全長335×高さ30㎜［大］/ 縦横150×全長295×高さ30㎜［小］
材質：ステンレス　日本製

大サイズ（225㎜）

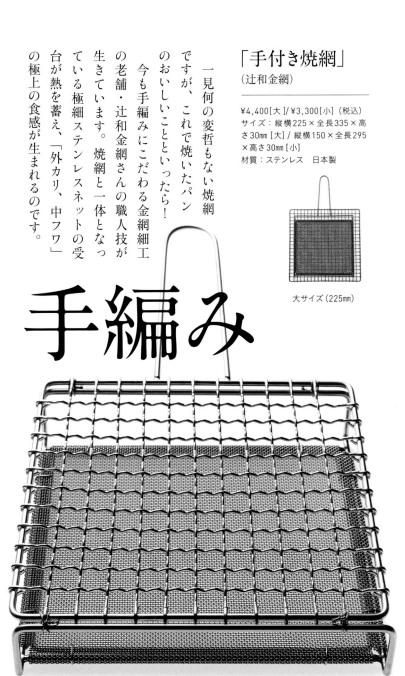

左利き

左利きの人の割合は10%程度。さらに料理道具に関しては左利きでも右利き用に慣れている人も多い。つまり、左利き用の料理道具市場はとても狭いのです。しかし「料理をする人の差別はしない」が僕たちのモットー。ということで、飯田屋では左利き向けの品揃えを充実させています（137ページ参照）。

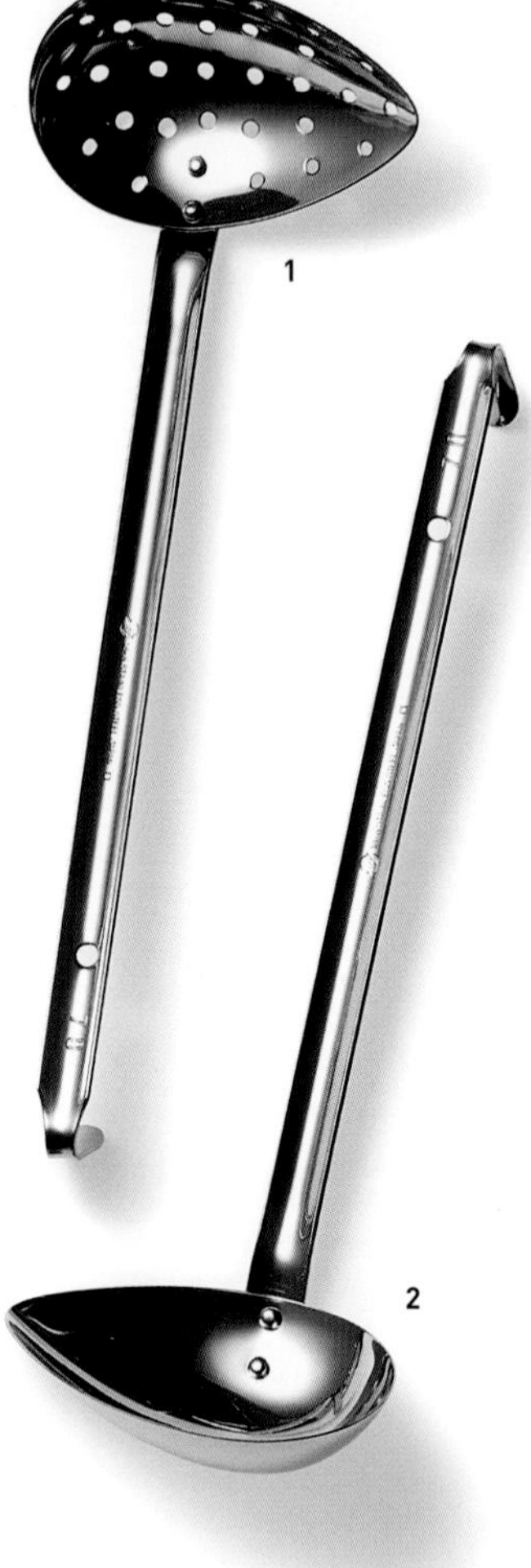

「左利きの料理道具たち」

1 横口スキンマー　2 横口レードル
3 スパイラルバースプーン　4 レードル柄うどんお玉
5 アルミ製雪平鍋カラス口　6 キッチン鋏万能型
7 炒飯ヘラ　8 パワーコルク抜
9 バターピーター　10 栓抜缶切プルタブ起し付
11 ひのきターナー

3
4
5
6
7
8
9
10
11

「レードル各種」

¥500～（税込）
容量：5cc～100cc
材質：18-8ステンレス

調味料を計量するのにもってこいのレードル（お玉）は料理のプロにとって必需品。飯田屋では0・1ccから2000ccまで1000種類以上取り扱い、うち5ccから100ccまでは1cc単位で常時在庫しています。世界中から毎日のようにがあるスーパー人気商品です。

1cc

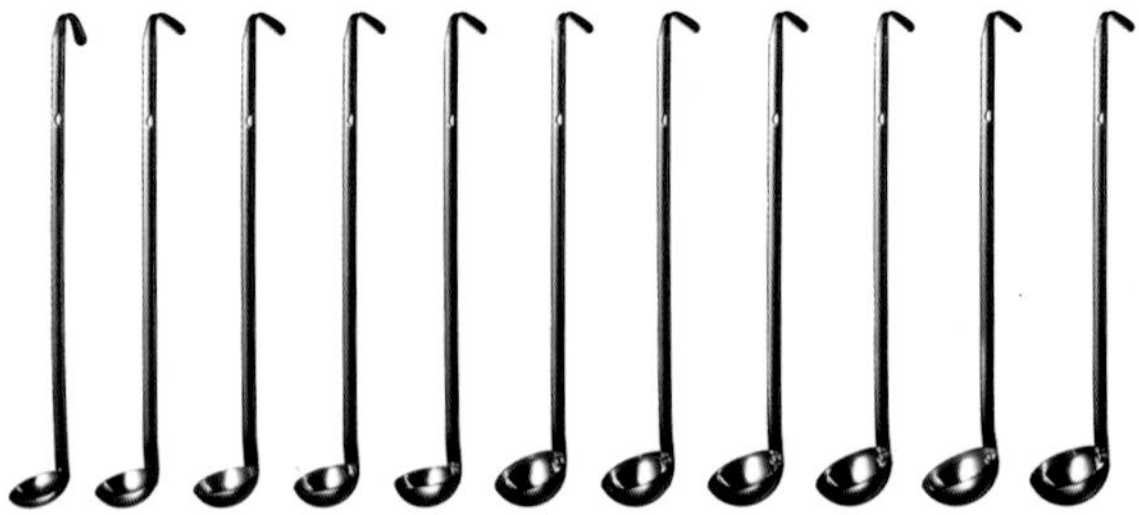

5cc～

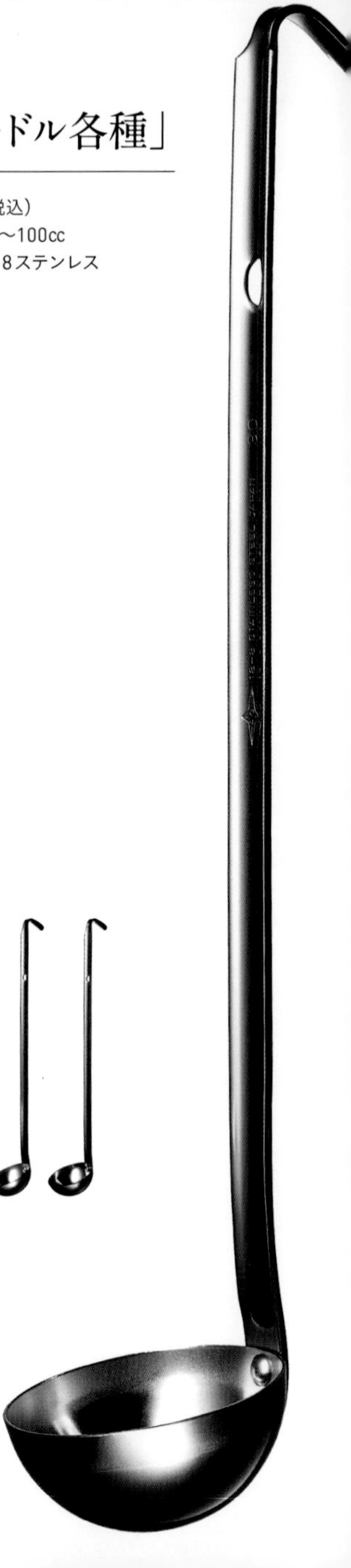

第6章

やらないことを決めると、やることが定まる

やりたいことよりもやらないこと

一つは、料理道具以外の品揃え。

二つは、価格競争。

三つは、売上目標やノルマ。

店を経営していると、やりたいことはいくらでもあります。しかし、時間は有限です。

振り返ると、これら三つのやらないことの決断が飯田屋に繁盛と、互いが助けあう職場環境をもたらしました。


一つ目の「料理道具以外の品揃え」をやめた理由は、客観的な視点で見たときに何を扱う専門店なのかわからなくなるからです。

「何を買っていいのかわからない」

「欲しいものが何もない」

こんなお客様の声ばかりが聞こえてきました。

初めは「こんなにもたくさんの商品が揃っているのに!? 何もないわけがない!」

と、今思えば自分勝手な憤りをおぼえてばかりでした。しかし、なんでも揃っているからこそ、欲しいものが見つからないことがあります。

わかりやすさは、人を惹きつける絶大な力を持っています。専門店の強みは、一瞬でお客様に伝えられるわかりやすさにあります。

一にわかりやすさ、二にわかりやすさ、三にもわかりやすさが大切です。極端なくらいに表現して、初めて人は「○○の専門店なのね」と認識してくれます。

飯田屋では、料理道具以外は取り扱わないと強い意志表明をしています。あれもこれもと欲張れば、日々の小さな売上をつくれるかもしれません。けれど、そこはぐっと耐えて「料理道具の専門店です」と胸を張って言いきれるわかりやすさを大切にしました。

二つ目の「価格競争」をやめた理由は、かつてはレジ前がいつもお客様との戦いの場になっていたからです。

金額で他社を出し抜いて取引が成立した場合、そのお客様の顔には決まって笑顔がありませんでした。価格で呼び込んだお客様とは、数字のお付き合いしかできません。

もっと笑顔あふれる商売をしたいと考えたとき、価格競争からの離脱は必然でした。どんなお客様にも一切の値引きをしません。親族であっても友人であっても、恩人であっても例外はありません。

「少しでも値引きしてくれれば買うのに……」

「そんな態度なら、二度と買わない」

こう言われ、買物かごいっぱい30万円ほどの商品すべてをキャンセルされた経験もあります。「値引きしないなんてカッコつけやがって」と嫌味を言われ、悔しい思いをした接客もあります。

それでも、声高々に値切った人だけが得をして、人によって価格が変わる商売が本当にいい商売だとは思えなかったのです。いつか継ぐことになる僕の後継者が価格競争で苦労する会社にしたくないというのも理由の一つです。


三つ目の「売上目標やノルマ」をやめた理由は、目の前のお客様に真摯に向き合いたかったからです。

目標やノルマがあると、無意識に少しでも高いものを売ってしまう性《さが》から逃げられません。向上心が強い従業員であればあるほど、昨対比を超えようと数字に囚われてしまいがちです。中には「目標がないと、どう働けばよいのかわからない」と、離れていく従業員もいました。しかし、昨対比が人の成長を表すわけではありません。

いい会社とは、扱う商品やサービスによって決まるわけではありません。そこで働く人たちによって決まるのです。いい会社には、いい人たちが必ずいます。

いい人たちが少しの嘘もつくことなく、いい人たちのまま働ける環境をつくることが経営者にとってもっとも重要な仕事です。売上目標のために、嘘をつかせなければならないような環境があってはいけないのです。

最近では、テレビ通販会社から出演オファーをいただくことがあります。影響力のある番組からお声がけをいただけるのはたいへん光栄です。

もし出演したなら、たくさん売れることでしょう。しかし、お断りしています。

なぜなら、通販番組には売上目標があるからです。そうなると、売る必要のないお客様にまで売らなければならなくなります。

もし、売上目標もなく、商品の真実を語ってもいいというオファーがあったら喜んで出演させていただくのですが……。

残念ながら、すべての人に便利だと感動していただける商品はありません。それでも、目の前の人にとって便利だと思っていただける商品はこの世に存在します。

一つひとつの商いを大切にするために「やらない」と決めることは、「やる」と決めること以上に大切なのです。

目指すは「うらずかな」の経営

足し算の経営をやめました。今は引き算の経営を心掛けています。

講演会などでお話しする際に、さまざまな事業を多角経営している経営者の方からたびたびいただく質問があります。

「リスク分散のためには多角経営が正しいと思ってきました。でも、どれもうまくいきません。どれに絞ればよいでしょうか？」

経営において数字ばかりに囚われると、足し算ばかりをしてしまいがちです。すると、経営はますます複雑になり、お客様の存在は遠いものとなっていきます。

もし、数字にこだわらなければ、複雑化して見えなくなったものを引き算する〝思い切り〟が生まれるでしょう。引き算を続け、よりシンプルに考えれば、本当に守りたいものが見えてくるはずです。

「売らんかな」という言葉は、何がなんでも売って儲けようという商売の考え方です。営利優先の商売と表現してもいいでしょう。

しかし、飯田屋では「うらずかな」でありたいと考えています。この言葉には、「売らずかな」「裏付《うらづ》かな」「裏ずかな」という三つの意味を込めています。

一つ目の「売らずかな」は文字どおり、なんでも簡単に売らないことです。本当に求めているものであるかを見極め、最適な一点を売る商いであり、たとえ高額な商品であっても、合わないと思えば売らない勇気を持つ姿勢です。何よりも大切なのは、数字ではなくお客様の満足です。

二つ目の「裏付かな」は、裏付けがある商品しか売らないことです。価値は比較からしか生まれません。たくさんの道具を使い比べているからこそ、何がどういいのかを提示できます。

「使いやすいおろし金です」ではなく、「○○が△△より、××できるおろし金です」と断言でき、「あなたにとっての最適はこれ！」と自信を持って言えるのは、230種類を比べた裏付けがあるからです。裏付けがないのは、責任がないのと一緒です。

最近、アマゾンで50種類の布巾を購入して、吸水性を使い比べてみました。洗ったばかりのお皿を10枚ほど拭くと、どれもびしょ濡れになってきます。

その中にたった1枚だけ、20枚拭いても吸水性を保ったままの布巾がありました。残りの49種類の中には「吸水性に優れた布巾です」とパッケージに書かれたものもありましたが、実際はそれほどでもないものばかりでした。

たしかに、わずかな比較では吸水性に優れていたかもしれません。しかし、50種類を比べてみると、まったく別の答えが出てくるものです。たとえ100円の道具でも、売る責任として裏付けによる自信を得て商売をしたいと考えます。


三つ目の「裏ずかな」は、裏表がない商売をすることです。

裏で売上やノルマを気にするのではなく、目の前のお客様に誠心誠意を込めた商売をすることです。数字でお客様を見てしまっては、本当に喜ばれるものが売れなくなります。

先日、テレビを見ていて残念に思うことがありました。テレビショッピングで成功しているタレントさんが「一日に○億円を売った」と、数字の自慢ばかりを話していたのです。

どれだけのお客様を喜ばせたかではなく、売った数字を誇ることにどれほどの意味があるのでしょうか。1万枚のフライパンを売るより、1枚のフライパンをどれだけ心を込めて販売したかということを誇りたいものです。

「売らんかな」の商売ではなく、どう喜んでもらえたか、どんな幸せを与えられたかを大切にした「うらずかな」の商いを飯田屋は続けていくつもりです。

会議をやめたら伝えたいことが伝わった

月に2回行っていた定例会議を一切やめました。

かつては、営業戦略を考える「営業会議」と、商品仕入れ政策を話しあう「販売促進会議」の二つの定例会議があり、それぞれの会議を行う意味を疑ったことはありませんでした。社内コミュニケーションが圧倒的に不足しており、みんなで集まって行う意見交換は重要な意味を持っていたからです。

しかし、雑談を推奨し、朝礼・終礼でお互いに普段感じていることを話しあう場を設けるようになって社内の風通しがよくなると、定例会議をする意味がわからなくなりました。会議では僕や会長である母が伝えたいことを一方的に話すだけで、従業員の意欲を感じることはありませんでした。

そこで、毎日のように従業員が顔を合わせる小さな会社なのだから、必要なことは日常の中で伝えたほうがよいと考え、思い切って会議をやめたのです。すると、それが想像以上の効果を発揮しました。これまでは「会議のときに報告すればよい」と後回しにしていたことを、「気づいたことはそのとき話す」ように変えたことで、すぐに行動するようになったのです。

たとえば、「店内の階段が汚れているので、掃除を徹底しませんか」「最近、お客様からこういった声があるので改善していきませんか」「商品の保管庫をもっと取り出しやすくしたいのですが」といった意見が出れば、その場ですぐに対応して改善できます。

すぐに実行することが大切です。もしうまくいかなければ、またすぐに元に戻せばいいのです。定例会議は瞬発的な行動の機会を奪っていたのかもしれません。

多くの会議では、部下が役職者や上司におうかがいを立てるように意見する姿が見られます。格式ばった場では本音を言いにくいこともあるでしょう。会議のための会議や、会議のための資料づくりで時間をとられるなど、その必要性がわかりません。

会議本来の目的はお互いの意見や考えを交換し、よりいい店をつくる行動につなげることです。そのために飯田屋では定例会議をやめ、必要なときに必要なだけ話しあえる環境づくりを重視しました。

雑談を推奨したおかげで、職場内の風通しはますますよくなりました。これまで会議では生まれなかったアイデアが数多く生まれています。雑談は最高のミーティングです。椅子に座って真面目にブレーンストーミングを重ねるよりも、日常の雑談のレベルを上げることで、いつでもいいアイデアがあふれ出る会社を目指しています。

売上目標をやめたら売上が上がった

前述のように、飯田屋では売上目標を設定するのをやめました。

売上目標という数字が目の前にチラつくと、お客様の顔を見なくなります。飯田屋の目的は売上を上げることではなく、目の前のお客様を喜ばせることです。

数字は後からついてくるものであり、目的や目標にしてはいけません。この順序を間違え、もし売上が目的になったら、その会社の価値は半減するでしょう。

だから、飯田屋では売上目標をやめました。そして、お客様を喜ばせようと努める従業員には、目に見えない報酬を与えることを意識しました。目に見えない報酬とは、まわりからの感謝や賞賛、自己成長、安心できる居場所の提供などです。

多くの企業では従業員に実力より高い目標を与え、能力を上げながら売上を伸ばそうとします。しかし、ときとして売上目標は目の前のお客様に真摯になれない一瞬を生みます。

その一瞬が、心に大きなしこりをつくります。売上を達成するためにつく小さな嘘の積み重ねは、想像以上に僕たちの心を傷つけていきます。そのため、売上目標がなくなった途端に、しこりを解消し心の傷を癒やそうとして怠けてしまうのです。

それならば、初めからお客様を喜ばせることを目標とすればいいのです。少しの嘘も必要のない売場で、いい人が、いい人のまま、いい仕事ができる、いい店であり続けることに力を注いだ結果、飯田屋は創業以来最高の売上成績を記録しました。

２００９年から２０２０年までの11年間で、売上高は３００％近く増加し、経常利益額は数百万円の赤字から飯田屋史上最高の黒字額となりました。２５００円ほどだった客単価は５０００円ほどに上昇し、買上点数も大幅に増えました。

楽しんでお買物をしてもらえるよう取り組んだ結果、お客様の警戒心がなくなり、会話も増えたことが要因だったように思います。従業員どうしが協力しあうので、店の雰囲気がよくなったことも関係しているかもしれません。

また、圧倒的にリピート客が増えました。

料理道具は、持ち帰って料理をしてようやく良しあしを確認できます。使用して満足していただいたところから、初めて飯田屋との関係がスタートするとも言えます。

売上目標がないからこそ、お客様に心から満足してもらえる道具をおすすめできるのです。おかげさまで、今ではメディアを見てご来店になる方もいますが、ＳＮＳなどのクチコミで知ったという方も増えています。

そもそも「小さい」ことは弱みではない

小さい店にコンプレックスを感じることもやめました。

かっぱ橋道具街には飯田屋より大きな店はいくらでもあり、何をしても勝てないと以前は思っていました。飯田屋の弱さは「狭いから」「商品数が少ないから」と、自分の未熟さや知識不足には目をつぶって、店が物理的に小さいことにすべての責任をなすりつけていたのです。

しかし、今は小さくてよかったと心から思うのです。

小さいからこそ、店内を見渡すのに多くの時間がかかりません。もし、大規模店であったら見るのも億劫《おっくう》で、すぐに店を出てしまうかもしれません。

小さいからこそ、多くのお客様が入店できません。だから、少人数でも運営できます。

小さいからこそ、入店されるお客様の数も限られます。20名も入ろうものなら大混雑して通路が歩けなくなるほどですから、一人ひとりに濃度の高い接客ができます。もし大規模店であったら、僕の意見を従業員に伝えるのも一苦労でしょう。

小さいからこそ、僕たちが大切に思うことを大切にできます。店を大きくすれば、料理道具以外もたくさん扱えるかもしれません。しかし、「料理道具も扱っている」と「料理道具だけを扱っている」では、まったく意味が違います。

その小さな店舗面積で、宝箱のように料理道具だけを扱っているからこそ、何よりも重要なわかりやすさが増し、お客様を喜ばせることができるのです。

大きなホームセンターなどで店員さんの姿を見つけられず、欲しいものが見つからない経験をしたことはありませんか。飯田屋のように小さな店では、店員は後ろを振り返ればすぐに見つかります。小さいので置ける品数は限られますが、選び抜いたおすすめ商品を置くことができます。

かつて飯田屋の弱みと思っていたことは、弱みではありませんでした。視点と行動を変えてみれば、お客様を惹きつけてくれる飯田屋の強みだったのです。

零細企業初の快挙で変わったこと

「僕がいないと、会社はすぐに潰れてしまう」という思い込みもやめました。

2018年の「勇気ある経営大賞」優秀賞受賞により、メディアからの評価が変わったことは前述しました。実は、変わったのはそればかりではありません。

顕彰式典には経営者と役員を含む3人が呼ばれましたが、従業員全員で出席させてほしいと僕は食い下がりました。苦しいときはみんな一緒なのに、おいしいところは幹部だけという違和感があったからです。

勇気ある経営は、僕だからできたわけではありません。本当に勇気を持って仕事に取り組んでくれたのは従業員たちです。「勇気ある経営大賞」ではなく、「勇気ある従業員大賞」として、彼らを顕彰式典に絶対に連れていかなければならないと思いました。

「経営陣が無茶苦茶だから」と容易に会社を辞めてしまう今の時代に、飯田屋の従業員たちはいつもいきなり飛び出してくる僕の無茶苦茶なアイデアを受け入れ、僕を信じてついてきてくれました。ものすごく勇気がいる行為です。

そもそも、この賞に応募した理由は、飯田屋という店がより多くの人に認知され、働く従業員たちに誇りを持ってもらいたかったからです。こんなに素晴らしい従業員がいることを、世の中に知ってもらいたかったからです。

結果的に全員の参加が認められ、店を一日臨時休業させていただきました。賞の長い歴史の中でも社員が10人以下の小さな会社が受賞したのは数例しかない珍しさに加えて、店を休業してまでの参加は初めてだとたいへん驚かれました。

この受賞をきっかけに、飯田屋はさらに勇気ある挑戦に取り組めるようになりました。ご来店くださるお客様をがっかりさせたくないという気持ちが強くなり、仕入れ状況を細かくチェックし、いつでも最良の提案ができる体制が整えられました。商品へのアンテナも高く張られ、使い心地や特長を見極める目も厳しくなったのです。

従業員たちは一人ひとりがいい仕事をするだけでなく、お互いが助けあっていい会社にしようと働きかけてくれるようになりました。飯田屋は僕の会社ではなく、中心にいるのはいつでもここで働く従業員たちだと感じさせられます。

「僕がいないと、会社はすぐに潰れてしまうのではないか？」

そんな思い込みに囚われ、びくびくとしていたこともありました。それははなはだしい

フライパンを振るカッパをあしらった飯田屋オリジナルTシャツも人気

勘違いだったのです。

福利厚生として設けた産休・育休制度を利用して、僕自身が1カ月休んだときのことです。しかも、それは決算月。さすがに混乱するのではないかと不安でした。

それがなんと、売上が前年同月よりも大幅に上がったのです。そのとき、僕が店の中心にいるのではなく、従業員たちと一緒にこの店を守っているのだと確信しました。

今ではみんなが、個人プレーよりもチームプレーを大事に考え、個人の能力では計り知れない力を発揮してくれています。

痛いの、痛いの、ありがとう

「痛いの、痛いの、飛んでいけぇ」

幼稚園へ通う娘が、おぼえたての言葉を口にします。

痛みは大人も苦手です。早くどこか遠くへ飛んでいってほしいものです。

しかし、痛みの原因を知ることは大切な学びです。何度も転び、泣くほど痛い経験をしたからこそ、子どもは同じ道で転ばなくなるのです。

これまで、たくさんの従業員が飯田屋を辞めていきました。そのたびに「飯田屋の経営方針についてこられないほうが悪い」「根性がない」と相手に責任を押しつけ、本当の痛みの原因から目をそらしてきました。

安売り競争で惨敗したときも、「お金がなくて大量仕入れができないから」「あのメーカーが仕入れ値を下げてくれないのは、飯田屋のもともとの評判が悪いから」と、本当の痛みの原因から逃げてきました。

苦しいことに出合うたびに、痛みの原因から逃れようと僕は言い訳をしてきました。うまくいかないたびに、今すぐその場から逃げ出してしまいたいと思っていました。

なぜなら、会社を率いる経営者たる者、弱みを見せたら負けだと思い込んでいたからです。どうしても、自分の弱みを認められませんでした。

さまざまな痛みを感じてきましたが、その中でもっとも大きな痛みがあります。

それは、母をひどく傷つけてきたという後悔から来る痛みでした。思い出すだけでも、あまりにも愚かで隠したくなるような最低の過去です。

どんな時代も、母はとことん目の前のお客様を大切にしてきました。それを効率が悪いと否定し、「これからの時代は効率的にお客様をさばいていかなければ、売上は上がらない」と、さもわかったかのように傍若無人に振る舞ったのです。

母はどんなに不景気でも、会社の状況が厳しくても、目の前のこと一つひとつを大切にしてきました。そんな姿にも気づかず、うまくいかない原因をすべて押しつけたのです。

「やり方が古いんだ！　だからうまくいかないんだよ！」

母に何度つらく当たってしまったことでしょうか。廃業したほうが楽だと思えるような状況でも、「苦しい」と一言も口に出さず、絶対に逃げなかった人なのに……。

今の飯田屋があるのは、間違いなく母のおかげです。ずっと飯田屋の代表として、長い間痛みに耐えてきたのは母なのです。

僕はそれに気づけず、目を向けようとしませんでした。本当に頑張っている人に向かって「結果がすべてでしょ?」と、傷つけることがわかっていながら何度言ってしまったことでしょうか。

どれだけ、母は痛かったでしょう。どれだけ僕は母を傷つけてきたのでしょうか。僕は最低の人間です。ずっと母に謝ることもできませんでした。

やっと最近、「僕が間違っていた」と母に伝えることができました。「痛かった」「つらかった」と言われると覚悟していました。

でも、母は「やっと気づいたね」と言って笑ってくれました。

「痛いの、痛いの、絶対に飛んでいくな。この痛みを死ぬまで忘れさせてくれるな」

そのとき、僕はこう決意しました。

痛い経験は感謝の対象でした。目も当てられないような、恥ずかしくて忘れ去りたいような過去ほど多くを学ばせてくれ、一生の教訓として腹落ちさせてくれたのです。

「痛いの、痛いの、ありがとう」

痛みと向き合い、受け止め、感謝の心が芽生えたときに、やっと痛みを感謝へと昇華させられたように思います。感謝に変わった痛みは、決して忘れることはありません。

飯田屋5代目店主で現会長の母・飯田敬子

ふたをして隠してしまいたい過去ほど、感謝すべき価値があります。なぜなら、認めたくないような恥ずかしい経験こそが、今の僕を育ててくれたからです。

あのころの自分を思い出すたびに、恥ずかしさでいっぱいになります。でも、決して忘れてはならない経験です。僕は、痛い経験がなければ本当に大切にすべきものに気づけませんでした。

そのおかげで飯田屋は、従業員を、お客様を、協力会社の皆さんを、地域の方々を、喜ばせる「喜ばせ業」であるとはっきりと目標を掲げることができたのです。

だから、僕は痛みから逃げることをやめました。

目の前の人と目の前のことを大切にする

飯田屋で働いていて、「なんて自分は不幸なのか」「なんで僕はこんなに人に恵まれないんだ」と思っていた時期がありました。でも、実は「幸せな人」も「不幸せな人」もいなかったのだと思います。

あるのは「自分を幸せだと思う心」と「自分を不幸せだと思う心」だけだったのです。自分を不幸せだと思う心があると、どんなに恵まれている状況だとしても、何か自分にとってのマイナスを見つけて不幸せを探しはじめてしまいます。

「競合が多くて、なんて不幸なんだ」

「大企業のように資金がなくて、なんて不幸なんだ」

そして、一緒に働く仲間に対しても自分を不幸せにしているところを探します。

「自分はこんなに苦しんでいるのに、なんで一緒に苦しんでくれないんだ」

「自分はこんなに頑張っているのに、なんで頑張ってくれないんだ」

自分の苦しみをほかの人にも味わえと強要し、従ってくれなければいつもいらいら。それでは、みんなが離れていくのも仕方がありません。

大切にすべきはマーケティングよりも目の前のお客様

僕はどこかで、仕事とは苦しまなければならないものと信じていました。

「大切な人の大切なことを大切にする」というシンプルな常識の実践をきっかけに、「なんて僕は恵まれていたのか」ということに気づけるようになりました。

「一緒に働いてくれる仲間がいる」

「わざわざ飯田屋を選び、ご来店してくださるお客様がいる」

「いつも僕の体を気にかけ愛情を注いでくれる妻と三人の子どもたちがいる」

「生涯の友がいる」

そして、「人生をかけて取り組める仕事がある」のです。

僕はまだ感謝し尽くせていません。

「競合が多くて、なんて不幸なんだ」という思いは、「これだけ同業の店があるからこそ、お客様がわざわざ足を運んでくださるんだ。しかも、飯田屋になければほかの店をご紹介できて喜びにつながるじゃないか」と考えられるようになりました。

「大企業のように資金がなくて、なんて不幸なんだ」という思いは、「お金がなかったから、お金がかからない知恵を働かせることができた。今後、どんなにお金がない状況になっても怖くない。それはもともとお金がなかったからだ！」と考えればいいのです。

感謝の心が育つと、自然とすべてをよい方向に結びつけられるようになったのです。

毎年のように新しい経営手法や、海外で話題のマーケティング手法が登場します。それが無価値とは思いませんが、興味がなくなりました。結局は、目の前のお客様を喜ばせられるかどうかだけなのです。

その点で、もっとも間違いないのは目の前の人、目の前のことを心から大切にすること。これに尽きるのではないでしょうか。それさえできれば、怖いものなどあるわけがないのです。

だから、僕は不幸せ探しをやめました。

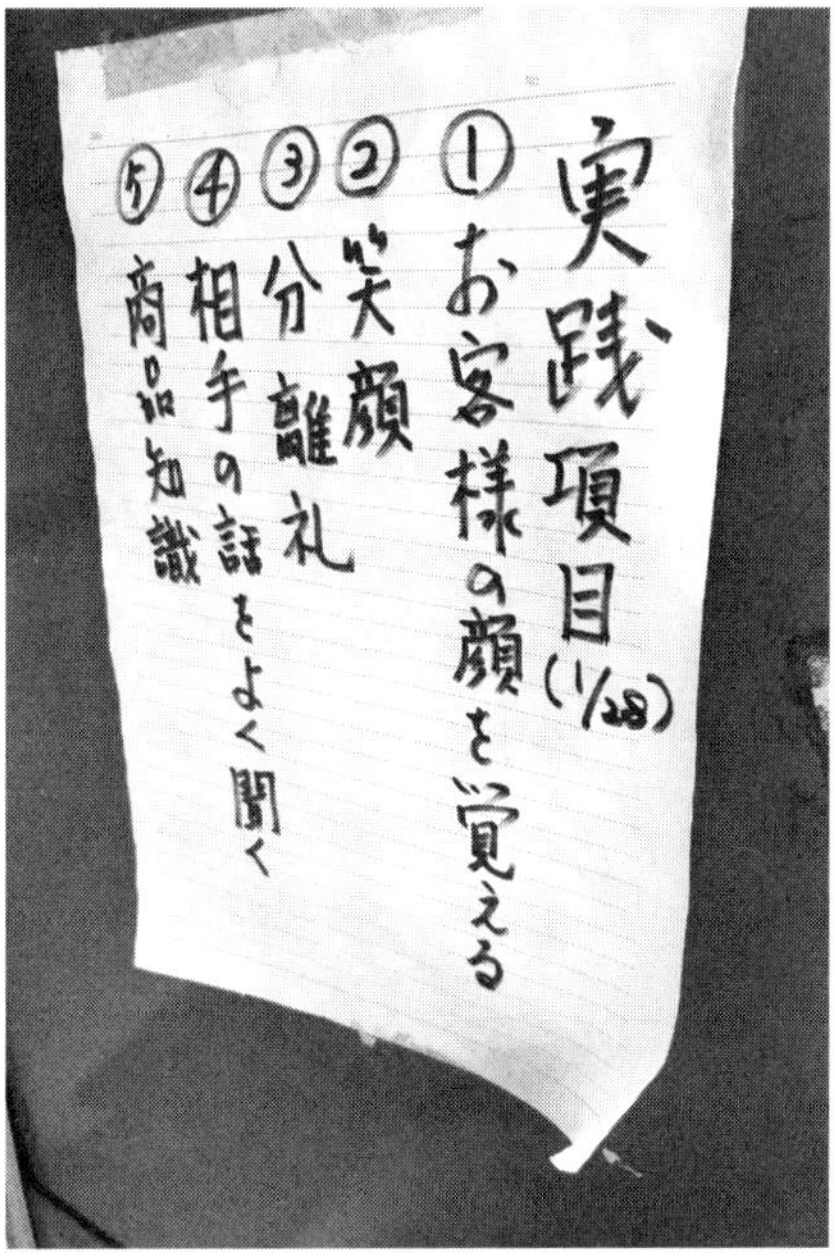

日々実践すべきことは書き出して掲示している

真の商人道に徹し、奉仕の精神貫く

祖父は「真の商人道に徹し、奉仕の精神貫く」という言葉を遺しました。

商人道とは奉仕の道であるというのです。祖父から「よき商人である前に、奉仕の心を持つよき人間であれ」と言われていたようです。

こっちのほうが儲かるのではないか、このほうが豊かになれるのではないかと、フラフラするのではなく、ただ目の前のことに己を尽くすのが商人道なのでしょう。

とても高い壁で、とても難しく、自らを律していかなければ、己を尽くせません。途中で楽な道へと逃げ出してしまうかもしれません。

人生をかけなければ達成できない究極の宿題を、祖父から出されたような気がします。なんてありがたいことなのでしょうか。

自分のやりたいこと、やるべきことに迷うのは地獄の苦しみです。祖父は、人間道を極めていくことが商人道に通じると教えてくれました。商人として成長するには、人として成長することなくしては成し遂げられないのだ、と。

過去に僕は、商売とは他店との勝負であり、お客様との勝負であり、世間との勝負だと捉えていました。勝負であるからこそ勝ちがあり、負けがあると思っていました。

しかし、商売にほかの人との勝負はありません。あるとすれば自分との勝負だけです。今日を誠実に商いができたかどうか、奉仕の心を自分の真ん中に置けていたかどうかだけなのです。

結局、商売は自分が儲けるためにあるのではなく、お客様に儲けていただくためにあるのだと思います。飯田屋の場合、料理道具を知り、買物をしていただき、使って満足していただき、生活を豊かで幸せなものにしていただくお手伝いを続けていくためにあります。

そこに勝ち負けはありません。商人道とはとてもシンプルで、長い道のりです。人生が終わるその日まで学び、実践を続ける覚悟です。

だから、僕は他人と争うことをやめました。

ああ、ありがたい。

すべてすべてに、ありがとうございます。

あとがき――当たり前は宝物

僕はあるとき偶然、「当たり前は宝物」という言葉に出合いました。

この言葉に衝撃を受けたことを今も鮮明におぼえています。かつて僕は「当たり前とは、気に留める必要もないこと」と言わんばかりに大切にしてきませんでした。そして飯田屋の従業員、家族、まわりの人たちを傷つけてきました。

だから、何もかもがうまくいきませんでした。

飯田屋で働き、日々感謝の時間を過ごすうちに、当たり前のことは一つもないことに気づいていきます。まわりの助けがあり、初めて僕はここにいられるのだと思い知りました。

「当たり前は宝物」は僕の財産のような言葉になりました。

日々感謝の出来事を探していくうちに、当たり前のことが当たり前でなくなっていきました。当たり前こそが自分にとっての宝物だったと気づいたとき、当たり前のことをただありがたく思うようになりました。

感謝の対象は日々どんどん増えていきます。

本を出すきっかけをくださった「ＰＯＰ界の神」で親父と慕う山口茂先生。

僕の人生をガラリと変えてくれた「三人目の神様」こと、大久保寛司先生。

飯田屋の本を世に送り出してくれたプレジデント社の桂木栄一さん。

出版をサポートしてくれた元「商業界」編集長で年の離れたお兄ちゃん、笹井清範さん。

そして飯田屋のメンバーのみんな。

飯田屋の土台をつくってくれた「ザ・飯田屋」こと、加藤勝久部長。

僕の相方で在り方の師匠「やぶちゃん」こと、藪本達也さん。

僕の接客のお手本「すぎちゃん」こと、杉山研二さん。

飯田屋のナチュラルボーンサニーデイズ「たっちゃん」こと、田代容子さん。

飯田屋みんなのあたたかくておもしろい「かあちゃん」こと、長沼聡美さん。

飯田屋の優しい肉好き守り神「きょんつー」こと、江口京子さん。

人生の教訓を教えてくれた恩人「スーさん」こと、鈴木克明さん。

優しさと強さを飯田屋で示してくれる「なべさん」こと、渡部純さん。

どんな困難な時代も飯田屋を守り抜き、出来の悪い息子に引き継いでくれた母さん。

いつも僕を守り癒やしてくれる妻の友子と三人の子どもたち、祥太郎、律子、賢次郎。

一人でも欠けたら今の僕はありません。すべての人の縁があって僕はいます。感謝の気持ちを込めて、本当にありがとうございます。そして、これからもよろしくお願いします。

iida
35%
アルミ寸胴鍋
10,270

株式会社 飯

飯田結太 *Yuta Iida*

株式会社飯田代表取締役社長。大正元年（1912年）に東京・かっぱ橋で創業の老舗料理道具専門店「飯田屋」6代目。料理道具をこよなく愛する料理道具の申し子。TBS「マツコの知らない世界」やNHK「あさイチ」、日本テレビ「ヒルナンデス！」など多数のメディアで道具を伝える料理道具の伝道師としても活躍。自身が仕入れを行う道具は必ず前もって使ってみるという絶対的なポリシーを持ち、日々世界中の料理人を喜ばせるために活動している。監修書に『人生が変わる料理道具』（枻出版社）。2018年、東京商工会議所「第16回 勇気ある経営大賞」優秀賞受賞。

浅草かっぱ橋商店街
リアル店舗の奇蹟

2021年4月14日　第1刷発行

著者　飯田結太
発行者　長坂嘉昭
発行所　株式会社プレジデント社
〒102-8641　東京都千代田区平河町2-16-1
平河町森タワー13F
https://www.president.co.jp/　https://presidentstore.jp/
電話　編集（03）3237-3732
販売（03）3237-3731
デザイン　草薙伸行（Planet Plan Design Works）
撮影　小高朋子　小林久井
カバーイラスト　後藤範行
本文イラスト　丸山一葉
編集　桂木栄一　千﨑研司
編集協力　笹井清範
制作　関 結香
販売　高橋徹　川井田美景　森田巌　末吉秀樹　神田泰宏　花坂稔
印刷・製本　凸版印刷株式会社

ISBN978-4-8334-2408-0
Printed in Japan